KARL RAHNER
BEKENNTNISSE

KARL RAHNER

BEKENNTNISSE

Rückblick auf 80 Jahre

Herausgegeben von
Georg Sporschill SJ

HEROLD WIEN · MÜNCHEN

BILDNACHWEIS:

Felici: 46 – Josef Gross: 83 – KNA: 39, 64, 95 – Presse- und Informationsamt der Bundesregierung: 91 – Karl-Rahner-Archiv: 12, 17, 18, 24, 29, 45, 51, 55, 63, 72, 78, 84 – Georg Schödl: 71 – Steffen-Lichtbild: 23

CIP-Kurztitelaufnahme der Deutschen Bibliothek

Rahner, Karl:
Karl Rahner, Bekenntnisse / hrsg. von Georg Sporschill SJ. – Wien ; München : Herold Verlag, 1984.
ISBN 3-7008-0258-7

3. Auflage 1986

Umschlagentwurf: Hans Schaumberger
Druck: Herold, Wien 8

ISBN 3-7008-0258-7

INHALT

EINLEITUNG

Die einsame Aufgabe des Propheten

Worin unterscheidet sich ein wahrer Prophet vom falschen? „Wenn es eintrifft, was er sagt" (in Dt 18), ist er ein wahrer Prophet und kein Verführer. Die eigene Person ist als Einsatz für das prophetische Wort verlangt. Unter diesem harten Gesetz stand Johannes der Täufer und wurde verurteilt, nach diesem Gesetz wurde Jesus hingerichtet. Jesus hat das Schicksal des Propheten auf sich genommen. Er hat einen bösen Geist, sagten seine Gegner. Die Schriftgelehrten konnten Jesus verdächtigen, weil er in einer schwierigen und dunklen Zeit Antworten gab, die noch nicht durch Fakten abgedeckt waren oder durch das, was man in der Schule lernt. Seine Antworten waren ungesichert und neu, aktuell und politisch. Es waren prophetische Antworten, für sie ist er mit seiner Person eingestanden. Jesus ist in der Zeit der Not zum Propheten geworden und hat dieses Schicksal am Kreuz vollendet.

Die Not unserer Zeit ist unübersehbar. Dem Naziterror sind sechs Millionen Juden und zwanzig Millionen Russen zum Opfer gefallen. Die Kirche, die in Europa zu Hause war, ist angeschlagen; seit den sechziger Jahren sind fast alle Statistiken negativ. Das Neue ist noch nicht bewältigt. Rüstungswahnsinn, Umweltzerstörung, Bevölkerungswachstum,

Arbeitslosigkeit, Gastarbeiterprobleme, soziale Fragen – überall zeigt sich die Not unserer Zeit.
Die Kirche hat sich im Zweiten Vatikanischen Konzil, bei dem Karl Rahner eine wichtige Rolle spielte, den Problemen der Zeit gestellt. Aber auch die Kirche konnte nicht die Nöte wegnehmen und nicht alle Fragen beantworten. In einer dunklen Zeit hängt alles von einzelnen Persönlichkeiten ab, die den Mut haben, die Not zu deuten und Antworten zu wagen, die noch nicht durch äußere Fakten, sondern nur durch die eigene Person gedeckt sind. In der Not hängt die Zukunft von Menschen ab, die die einsame Rolle des Propheten übernehmen.
Karl Rahner hat es gewagt, prophetisch zu reden. Er hat immer auf Möglichkeiten neuen Handelns hingewiesen. Kein Wunder, daß ihn manche für einen falschen Propheten, für eine Bedrohung des Glaubens halten. Kein Wunder, daß es Bischöfe gibt, die seine Linie ablehnen und in ihm eine Gefahr für die Kirche sehen. Ja, die Kirche ist in Gefahr, aber gerade Karl Rahner gehört zu denen, die der Kirche den Weg in die Zukunft geöffnet haben. Er hat gültige und bleibende Fundamente für eine neue Theologie und für eine kommende Weltkirche gelegt.
Ob alles eintrifft, was Karl Rahner gesagt hat, bleibt eine offene Frage. Auch er wird nach dem Gesetz für die Propheten beurteilt. Erst die Geschichte wird zeigen, ob sein Werk neben dem von Augustinus, Thomas von Aquin, Martin Luther und Ignatius von Loyola bestehen wird. Heute diese Offenheit auszuhalten und für seine Worte mit der eigenen Person einzustehen, bedeutet letztlich, das Kreuz Jesu auf sich zu nehmen. Unter dieser Perspektive ist Karl Rahner angetreten und für uns zum Propheten geworden.

VORWORT

Zum Herausgeber und Redakteur dieser „Bekenntnisse", die sonst nicht Rahners Art sind:
Ich habe zugehört, wenn ich ab und zu den Wagen fuhr, in dem er saß. Bei solchen Gelegenheiten habe ich ihn alle möglichen wichtigen und unwichtigen Dinge gefragt, und er hat mir Antwort gegeben. Daß man in solchen brüderlichen Unterhaltungen einen anderen Stil der Rede verwendet als in Büchern oder bei offiziellen Anlässen, ist selbstverständlich. Ich habe nicht versucht, diesen Berichten Rahners aus seinem Leben und von seinem Denken einen künstlichen Stil zu geben. Ich habe noch sehr viele andere solche privaten Unterhaltungen mit Rahner gehabt, die hier nicht wiedergegeben werden. Die Auswahl geht auf meine eigene Rechnung, vielleicht hätte andere anderes interessiert.
Ich gebe Rahners Äußerungen so wieder, wie sie mir im Gedächtnis geblieben sind. Diese oder jene Aussage mag so privat sein, daß man sie als ein wenig indiskret empfinden kann. Aber es hat doch Sinn und Reiz, von einem Theologen zu hören, was er selber in seiner theologischen Arbeit verschweigt. Es ist ein Blick hinter die Kulissen der neueren Kirchengeschichte.
Zunächst sind diese „Bekenntnisse" in der Zeitschrift „Entschluß" zum 80. Geburtstag von Karl Rahner erschienen. Über die Bezieher der Zeitschrift hinaus haben weite Kreise Interesse an dieser persönlichen Schrift Karl Rahners gezeigt. Dem Verlag sei hier für die rasche Herausgabe in Buchform gedankt.

Georg Sporschill SJ

Karl Rahner
Bekenntnisse

Was ein Theologe in seiner Arbeit verschweigt

DIE JUGEND

Auf dem Boden bürgerlicher Selbstverständlichkeit

Pater Rahner, Sie haben schon viele Generationen von Jugendlichen erlebt. Wie sehen Sie Ihre Jugendzeit im Unterschied zur Jugend heute?

Die Frage bezieht sich, wie ich voraussetze, auf Religiosität und Spiritualität der verschiedenen Jugendgenerationen. Das läuft auf die Frage nach der Spiritualität einer Zeit überhaupt hinaus. Jugend ist zwar Jugend und unterscheidet sich von älteren Jahrgängen. Sie hat sicher Eigentümlichkeiten, die sie von den Erwachsenen oder gar Alten unterscheidet. Doch diese Verschiedenheiten sind umfaßt von einer gemeinsamen Mentalität. Die Jugendlichen einer bestimmten Zeit sind vielleicht besonders ausdrucksfähig für die Mentalität und deswegen auch für die Religiosität und Spiritualität einer ganzen Periode. So sind die Jugendlichen der Zeit vor sechzig Jahren und die Jugendlichen heute besonders deutliche Repräsentanten ihrer jeweiligen Zeit.
Auf die gestellte Frage hin wird man sagen müssen: Vor sechzig Jahren hat die Jugend einen bedeutsamen Aufbruch erlebt. Da war zunächst die Jugendbewegung des Hohen Meissner und der Freideutschen Jugend. Dann, nach dem Ersten Weltkrieg, ging diese Bewegung – natürlich in ihrer

Weise – auf die katholische Jugend über. Es war in der katholischen Studentenwelt die Zeit des Hochlands, es war die Zeit des Quickborn und der damaligen großen Tagungen auf der Burg Rothenfels. Es war in kirchlich etwas domestizierter Weise die Zeit von Neudeutschland.

Wir bleiben also gleich bei der katholischen Jugend. Da fing die Jugendbewegung im großen und ganzen erst nach dem Ersten Weltkrieg an. Sie hatte große geistliche Väter wie Guardini oder Hofmann. Diese Jugend ist charakterisiert durch ihre Herkunft aus einer gefestigten, materiell gutgestellten, bürgerlichen, aber noch nicht wie heute konsumorientierten Welt. Da waren Moral und Anstand, gute Sitte und solche Dinge noch ziemlich selbstverständlich. Aber man hatte doch irgendwie das Gefühl, es komme eine neue Zeit, es müßten neue Lebensformen gefunden werden. Es war damals die Zeit des Zupfgeigenhansels – allerdings war das schon vor dem Ersten Weltkrieg –, es war die Zeit, wo man wanderte, in einem Stil, den man sich heute kaum noch denken kann. Ohne Auto, Übernachtung im Heustadl, Kochen im Freien. Ich war selber 1920 bei der ersten großen Tagung des Quickborn auf Rothenfels dabei, zwei Jahre vor dem Abitur (meine Schwester war dort Oberin).

Wie war Quickborn, gab es Lebensregeln für die Jugend damals?

Quickborn war von Schlesien ausgegangen, eine abstinente Jugendbewegung, bei der zwar auch Geistliche mitwirkten, die aber keine im engeren Sinn kirchenamtliche Gründung und Leitung hatte. Die Bewegung war zwar religiös sehr interessiert, fromm, katholisch, aber sie hatte ein lockeres Verhältnis zur kirchenamtlichen Betreuung der Jugend. Wir konnten – grob gesagt – in dieser Beziehung machen, was wir wollten. Man durfte keinen Alkohol trinken, man hat Fahrten gemacht, ist viel gewandert.

Ostern 1921 machte eine Gruppe aus Freiburg eine Fahrt, wo wir dann auf den Dörfern einen Totentanz aufgeführt haben, abends, mit Fackeln und Kostümen. Es waren damals arme Zeiten, belohnt wurden wir hauptsächlich mit Eiern. Studenten und Gymnasiasten, Buben und Mädel waren in einer Gruppe. Ich erinnere mich, daß der sogenannte Reigen heftig

gepflegt wurde. Es gab Studenten bei uns, die noch im Krieg gewesen waren, es gab auch Querverbindungen zur damaligen Hochländergruppe an der Universität in Freiburg.
Die Eltern hatten nichts gegen unsere Teilnahme. Alles blieb auf dem Boden der damaligen bürgerlichen Selbstverständlichkeit, die von allen fraglos und problemlos akzeptiert wurde. In diesem Rahmen gab es eigentlich eine große Freiheit. Wenn ich abends wegging – ich war in der Unter- oder Oberprima –, bekam ich den Schlüssel der Wohnung, und niemand fragte mich, wann ich heimkäme. Es war auf der anderen Seite aber auch völlig selbstverständlich, nicht zu saufen, keinen Krawall und auch sonst keinen Unfug zu machen, die Regeln im Verhältnis zum anderen Geschlecht zu respektieren. In meiner Klasse war von der Untertertia an immer ein halbes Dutzend Mädel; ich kann mich an keinen Fall erinnern, wo ein Mitschüler eine unanständige Bemerkung gemacht hätte. Wie weit da eine gewisse Rücksichtnahme bei anderen auf mich gegeben war, kann ich nicht sagen.

Die Idee, nach der Messe eine Danksagung zu machen

Es gab in meiner Klasse Juden, Protestanten, Katholiken, aber die Mitschüler und die Lehrer waren religiös kaum interessiert. Natürlich hatten wir Religionsunterricht, es gab keine antiklerikalen Tendenzen, sondern eine sozusagen vornehme Neutralität. Die Jugend in dieser konfessionell gemischten Klasse hatte hohe Ideale. So versammelten wir uns bei einem jüdischen Mitschüler, einem begeisterten Pfadfinder, um uns gegenseitig moralische Ratschläge zu erteilen. Das war in dieser Klasse nicht katholisch oder christlich, sondern humanistisch, wie es eben die damaligen Pfadfinder waren. Ähnlich wie man auf der einen Seite tolerant war, hatte die Schule auf der anderen Seite am Sonntag ihren eigenen Schülergottesdienst, der von dem an der Schule hauptamtlich tätigen Religionslehrer gestaltet und gefeiert wurde. Am Gottesdienst unserer Schule, der in der Kirche des Erzbischöflichen Konvikts hinter dem Münster stattfand, hat der spätere Reichs-

kanzler Wirth, der an unserer Schule Professor war, oftmals teilgenommen. Es kam vor, daß die Klassenkameraden, wie auch ich, zur Kommunion gingen, was damals noch nicht selbstverständlich, wenn auch nicht außergewöhnlich war. Ich hatte die Idee, ich müsse nach der Messe für mich allein noch eine kleine Danksagung machen. Ich weiß, daß ich damals viel mit dem vierten Buch der „Nachfolge Christi“ gearbeitet habe, dem Buch über die Eucharistie. Damals war ich sechzehn oder siebzehn Jahre alt. Ganz normal war es wohl nicht, daß ein Jugendlicher sich mit so etwas beschäftigte.
Nach dem Gottesdienst bildeten die Klassenkameraden meist noch eine kleine Gruppe und bummelten gemeinsam durch die Stadt. In einer solchen kleinen Gruppe war ich sozusagen betont katholisch, obwohl ich keinem klerikalen Verein und keiner pfarrlichen Jugendgruppe angehörte – ich weiß nicht einmal, ob es die überhaupt gab. Trotzdem wurde ich in meiner Schulklasse Klassenvertreter, ein Amt, das damals mit einer demokratischen Welle gegenüber den Lehrern im Gymnasium auftrat.
Die damalige Jugend, die ich kannte und erlebte, war eine Jugend, die anfing zu suchen, zu fragen und Neues zu wünschen, die neue Lebensformen suchte, die aber doch ein großes Erbe an bürgerlichen Selbstverständlichkeiten sittlicher wie kirchlicher Art mitbrachte. Diese Selbstverständlichkeiten hat die Jugend nicht abgelehnt, sondern sogar neu zu intensivieren gesucht. Ich erinnere mich – ich war mit meiner älteren Schwester und Freunden in Beuron –, daß wir gemeinsam Hymnen von Thomas von Aquin vom Lateinischen ins Deutsche übersetzten, und zwar aus Interesse.
Es wäre eine geistesgeschichtlich interessante Frage, aus welchen Gründen diese Aufbruchsstimmung und Lebensform wieder versandete. Ob es daher kam, daß die erste große Wirtschaftskrise mit der Arbeitslosigkeit hereinbrach – Anfang der dreißiger oder Ende der zwanziger Jahre – und diese Dinge dann durch den Nationalsozialismus überrollt wurden? Zu dieser Zeit (1922) bin ich ins Noviziat eingetreten.

Mutter Luise, 1875–1976

Vater Karl, 1868–1934

Der zweijährige Karl (Mitte) mit Geschwistern und Kusine, Fasnacht 1906

*Die Brüder Hugo und Karl,
50. Geburtstag
von P. Hugo Rahner,
Rektor Magnificus der
Universität Innsbruck, 1950*

Die Mutter hat meinen Lebensweg ängstlich begleitet

Hat sich im Erziehungsstil einer Familie heute etwas geändert?

Ich würde meinen, daß inzwischen der erzieherische Einfluß der Familie als solcher einfach durch die neuen Lebensverhältnisse ganz allgemein um 50 oder 60 Prozent zurückgegangen ist. Früher war die Familie gemeinsam mit der Schule der einzige Erziehungsfaktor. Heute gibt es Zeitschriften, Illustrierte, Radio, Fernsehen; die rapide gestiegenen Konsum- und Vergnügungsmöglichkeiten drängen die Familie und ihren Einfluß auf die Erziehung eines Kindes auch im besten Fall ungeheuer zurück. Die Erziehungsweise vergangener Zeiten, die ich noch erlebt habe, war einfach die: Man hatte einen bestimmten Lebensstil, eine bestimmte Arbeit, eine bestimmte Aufgabe, bestimmte Geldmittel; es war vorgegeben, was man aß, große Reisen konnte man von vornherein nicht machen. In einem solchen Lebensstil und Familienbetrieb wurden die Kinder aufgenommen. Wenn sie frech waren, bekamen sie eine Ohrfeige, und wenn sie nicht rechtzeitig nach Hause kamen, gab es vielleicht einen Familienkrach. Doch im großen und ganzen bestand die Erziehung einfach in der dem Alter entsprechenden Mitbeteiligung der Kinder am konkreten Leben. Die Kinder lernten so, daß man sonntags in die Kirche geht, was man anzieht, welche kleinen Vergnügungen man sich leisten kann, wie man mit dem Geld umgehen muß. Heute ist das anders. Deswegen beobachte ich die entsetzlichsten Katastrophen in Familien, wo die Eltern vernünftig und fromm sind und auch pädagogisch nicht sehr viel verkorksen. Trotzdem mißraten die Kinder. Das kommt einfach daher, daß die erzieherischen Einflüsse auf einen jungen Menschen von heute nur noch in einem relativ bescheidenen Maß von der Familie und vom Lebensstil der Eltern stammen.

Wie war später das Verhältnis zu Ihren Eltern, zu Ihrer Mutter?

Ich war natürlich immer wieder regelmäßig bei meiner Mutter in Freiburg auf Besuch, besonders nach dem Tod meines ältesten Bruders, mit dem zusammen sie gelebt hat.

Hat Ihre Mutter Ihre Arbeit verfolgt, haben Sie ihr Ihre Werke gebracht?

Ja, ich habe ihr auch einmal einen Band gewidmet. Wieweit sie das verfolgt hat, weiß ich nicht. Meine Mutter war trotz aller Initiative eine eher depressiv-ängstliche und entsetzlich gewissenhafte Frau. Sie hat das Leben mehr von der schweren, schwermütigen Pflichtseite empfunden und sich vielleicht auch noch Pflichten angeknobelt, die sie sich hätte schenken können. Insofern hat sie auch meinen Lebensweg eher ängstlich begleitet, etwa, daß ich nicht hochmütig werde. In dieser Richtung ging es eher, als daß sie begeistert gewesen wäre, oder es großartig gefunden hätte – das ist nie vorgekommen. Sie hat sich in ihren alten Tagen die Frage gestellt, ob sie ihren Kindern auch genügend Liebe geschenkt habe. Das ist natürlich Unsinn, weil viel Zärtlichkeit und ähnliches teils vom Alemannischen, teils von der Arbeitslast her einfach nicht drin waren. Es lag uns, glaube ich, auch nicht. Ich erinnere mich, daß mir meine Großmutter einmal 50 Pfennig geben mußte, damit sie mir einen Kuß hat geben dürfen. Dann durfte sie. Meine Großmutter hat ihre Enkel schon ganz gern gehabt. Sie ist 91 Jahre alt geworden und war eine altmodische, tapfere Frau. Gleichzeitig mit ihr lag eine Tante in der Nähe von Freiburg im Sterben. Da sagte meine Großmutter: „Sag doch Toni: mach voran, ich häng' mich dann an deine Beine beim Flug in den Himmel." Als dann meine Mutter starb, war ich bei ihr.

KONFLIKTE

Dann schreibe ich eben nichts mehr

Wie war es mit dem Konflikt mit Rom?

Der fünfte Band meiner Schriften zur Theologie erschien zur Zeit, als ich mit Rom einen meiner Konflikte hatte. Es war eine Römische Oberzensur über mich verhängt worden. Pater General Janssens hat damals erklärt: Der fünfte Band ist schon in Druck, die römische Vorzensur gilt also nur für spätere Sachen. Ich habe gesagt: Da mache ich nicht mit, dann schreibe ich eben nichts mehr. Aber diese Zensur ging dann im Konzil praktisch unter. Ich hatte mir damals genau überlegt, wie ich es ordensrechtlich und moraltheologisch verteidigen könne, nicht mehr zu schreiben. Es hätte mir ja ein Oberer befehlen können weiterzuschreiben. Dann hätte ich gesagt: Ich bedaure sehr, ich bin durch die römischen Maßnahmen psychisch so gehemmt, daß ich einfach nichts mehr zusammenbringe.

Es ist merkwürdig gewesen. Ich hatte 1951 in Rom eine Mariologie, genauer: eine große Verteidigung der neuen Definition der Aufnahme Mariens in den Himmel geschrieben. Mein Bruder war der eine Ordenszensor, der andere Pater Lakner. Dieser erklärte, er sehe sich da nicht durch, und gab die Zensuraufgabe an den Provinzial zurück. Ich empfahl, einen anderen Zensor zu nehmen, einen in Frankfurt. Pater

Bäumer hätte das gemacht. Unterdessen hatte aber der Provinzial den Vorgang schon nach Rom gemeldet, es wurde eine römische Zensur angeordnet, und schließlich ließ Dhanis, ein römischer Fundamentaltheologe, das Buch durchfallen. Es ist auch nie erschienen, und heute könnte man es nicht mehr veröffentlichen. Es ist unterdessen zu viel zu diesem Thema geschrieben worden. Man könnte z. B. den exegetischen Teil zu Mt 28 nicht mehr so wie damals machen, obwohl es eine ganz interessante Idee war, sich auf die Auferstandenen, die aus den Gräbern hervorkommen, zu berufen. Ich hatte behauptet, diese seien mit ihren Auferstehungsleibern in den Himmel eingezogen, was ja auch die Meinung der Mehrzahl der Kirchenväter ist; also könne man nicht sagen, eine antizipierte Auferstehung sei unbiblisch.

Sie hätten also vom Orden aus wegen dieser Vorzensur auf Anordnung des Heiligen Offiziums nichts mehr veröffentlichen dürfen? Hat Ihnen das nichts ausgemacht?

Nein. Es war so: Derselbe Dhanis hat die zunächst in der ZKTh 1949 veröffentlichte Arbeit „Die vielen Messen und das eine Opfer" nicht beanstandet, obwohl er von Pater General Janssens nach seinem Urteil gefragt wurde. Also kann man nicht sagen, daß er von vornherein ganz gegen mich eingenommen war. 1954 hat dann aber Pius XII. in einer großen Ansprache – natürlich ohne Namensnennung – „Die vielen Messen und das eine Opfer" kritisiert. Doch von da ab ließen mich P. Janssens und sein besonderer Vertrauter in Ruhe.

Woher kam dann der Konflikt mit Rom, mit der Kurie?

Da waren verschiedene Dinge. Einmal hat mich der Dekan der Innsbrucker Fakultät in Rom angezeigt, weil ich nicht genügend Latein vortrage. Daraufhin kam prompt eine Mahnung von Rom. Dann hat mich einmal der Bischof von Münster, Keller, über den Provinzial, den späteren Kardinal Bea, angeschwärzt. Darauf gab es ein partielles Redeverbot, ich dürfe über bestimmte Themen – ich weiß nicht mehr, welche – nicht mehr reden. Das hat mir praktisch nichts ausgemacht. Ich habe später einmal dem Bischof Keller in Münster gesagt, solche Maßnahmen wären unsinnig, denn sie machten mir nichts aus, und ich würde auf diese Weise nur in den Kreisen,

Freund der Kinder

Vorträge in Polen, 1970

die mich interessieren, ein höheres Ansehen gewinnen. Das hat er dann, glaube ich, eingesehen. Münster war besonders orthodox, ich hielt dort immer wieder Vorträge. Einmal beschwerte sich auch der Aachener Bischof beim österreichischen Provinzial über mich, weil ich die Konfessionsschule nicht genügend gepriesen hatte. Einmal wurde mir von Rom verboten, weiter über die Konzelebration zu schreiben, die heute selbstverständlich geworden ist.

Eminenz, auf dieses Privileg verzichte ich

Wie lief so ein Verbot von Rom damals?

Die Verbote des Heiligen Offiziums liefen zunächst immer über den Ordensgeneral. Bei der damaligen Mentalität war es für einen General unmöglich, auch wenn er anderer Meinung war, sich schützend vor den Untergebenen gegen das Heilige Offizium zu stellen. Heute würde man einem Ordensgeneral so viel Zivilcourage wohl zumuten. Die hat P. Janssens zumindest bei mir nicht gehabt. Er war nicht böse gegen mich, er hat mir selbst einmal gesagt: Ja, sehen Sie, es kommen Blitze vom Heiligen Offizium, da weiß man manchmal nicht, warum und wen es trifft. Er war ein anständiger und frommer Mann, hatte aber nicht unbedingt ein besonders großes Format. Er hat solche Maßnahmen des Heiligen Offiziums immer brav weitergegeben. Der General mußte auch an das Heilige Offizium berichten, wie der betreffende Delinquent das Verbot aufgenommen habe, ob er mit der nötigen Demut und Bescheidenheit reagiert habe. Das war damals römische Mentalität, die man heute mit Recht fürchterlich fände. Jedenfalls habe ich damals gedacht: Diese Römer werden von mir nichts zur Zensur bekommen.

Was sind damals thematisch die explosivsten Sachen gewesen?

Beanstandet wurden „Die vielen Messen und das eine Opfer" und die Schriften über Konzelebration. Durchgefallen ist auch, wie gesagt, die Mariologie. So viel ich weiß, entrüstete sich Dhanis nicht so sehr über die Thematik, denn ich habe ja den Papst verteidigt und gesagt, daß es gut katholisch und bi-

blisch begründet sei, was er definiert hat. In der Einleitung hatte ich jedoch geschrieben, das neue Dogma würde nicht jedem gebildeten Katholiken so ganz selbstverständlich in Geist und Herz eingehen. Solche psychologischen Bemerkungen wurden beanstandet.
Während des Konzils hat mir dann Kardinal Ottaviani gesagt: Wir haben hier in Rom nichts gegen Sie, wir wollten Sie durch diese Zensur nur in Schutz nehmen gegen Freunde von Ihnen, die Sie falsch verstehen – das ist ein Privileg. Ich habe ihm geantwortet: Eminenz, auf dieses Privileg verzichte ich. Privilegien braucht man ja nicht anzunehmen.
Ich meine, solche Konflikte dürfe man nicht zu tragisch nehmen. Rom selbst soll natürlich sich mit aller Gewissenhaftigkeit hüten, ungerechte und voreilige Maßnahmen gegen Meinungen zu ergreifen, die für römische Ohren ungewohnt klingen. Gibt es trotzdem solche Maßnahmen, dann sollte der Betroffene das nicht zu tragisch nehmen. Die Wahrheit wird sich langsam, aber doch durchsetzen. Mit dem privaten Unglück, das einen so trifft, kann man, auch wenn es bitter ist, als Christ in Demut und Geduld fertig werden, genauso wie mit anderen bitteren Mißgeschicken, die einen treffen, mit oder ohne menschliches Zutun.

DAS KONZIL

Das unheimliche Gespür des Kardinals

Wie kam es, daß Sie trotz dieser Konflikte einer der einflußreichsten Theologen des Konzils waren?

Ich gehörte zu den sogenannten Periti, die einen Perituspaß hatten, durch den sie in Sankt Peter hineinkamen. Die Periti waren zunächst nicht unbedingt an der Konzilsarbeit direkt beteiligt. Die Vorsitzenden der einzelnen Kommissionen, die für das Plenum der Bischöfe die Erklärungen des Konzils vorbereiteten, konnten die Theologen, auch wenn sie Periti waren, in die Sitzung einer solchen Kommission zulassen oder auch ablehnen. Infolgedessen war es nicht selbstverständlich, daß ich in die Theologische, also in die ,,vornehmste" Kommission hineingekommen bin.
Der offizielle Sekretär der Theologischen Kommission war Pater Tromp, der mich nicht leiden konnte, der wahrscheinlich auch die Sätze gegen mich in Reden des Papstes Pius XII. hineingesetzt hat. Trotz meiner Bedenken sagte Kardinal König: Kommen Sie nur mit. Ich ging dann zitternd hinein. Ich dachte mir, wenn das Ottaviani mitkriegt, schmeißt er mich raus. Aber das ist dann eben nicht passiert. Wenn man eine Zeitlang drin war, sich immer wieder zu Wort gemeldet hatte, dabei etwas Vernünftiges gesagt hatte und auch die Arbeit mitgemacht hatte, die sonst anfiel, gehörte man einfach

dazu. Die Periti mußten auch für die Kommissionssitzungen Hunderte „modi" bearbeiten, das heißt die Verbesserungsvorschläge der bischöflichen Mitglieder des Konzils sichten, bearbeiten und überlegen, ob sie abgelehnt oder in den Textentwurf eingearbeitet werden sollten. Die Ergebnisse der Vorberatungen und der Diskussionen in den nachmittägigen Sitzungen der Theologischen Kommission selbst wurden dann wieder gedruckt und den Konzilsvätern für ihre Arbeit in den eigentlichen vormittägigen Konzilsberatungen unterbreitet. Dabei wurde auch eine gedruckte Begründung des so gewonnenen Textes mitgeliefert.
Kardinal König war auch in der Theologischen Kommission. Er hat sich oft und gewichtig zu Wort gemeldet. So konnte es natürlich auch einmal passieren, daß ich auf seinen Wunsch ein solches Statement für ihn schriftlich vorbereitet und ihm hinauf auf den Gianicolo geschickt hatte, wo er in einer schönen Klinik wohnte. Aber anderntags kam er aus mir unbekannten Gründen nicht in die Sitzung, und meine Weisheit trug keine Früchte. Mir fiel auch auf, daß der Kardinal mit einem unheimlichen Gespür dann aber in der Sitzung der Kommission war, wenn es wirklich darauf ankam. Große Herren haben eben ein souveräneres Verhältnis zu Regeln und Normen der Kirche als wir armen Fußsoldaten.

In Sankt Peter war es ganz nett

War das Konzil auch menschlich ein großes Ereignis für Sie? Daß in dieser offenen Form diskutiert wurde, das war doch im Konzil neu?

In früheren Konzilien wird es ähnlich gewesen sein. Für mich war es natürlich neu, nachdem ich ja noch nie ein Konzil mitgemacht hatte. Es war auch sonst ganz interessant, man hat Journalisten getroffen, auf der schönen Piazza Navona Eis gegessen. Ich feierte meinen 60. Geburtstag mit Josef Höfer, mit dem ich das „Lexikon für Theologie und Kirche" gemacht habe, auf dem Monte Cavo. Ich lernte Ignazio Silone kennen, den berühmten kommunistischen Schriftsteller, der

Kardinal Franz König und sein Konzilsberater

mir zu meinem Geburtstag eines seiner Bücher widmete, mit der Eintragung: „Unum in una spe: libertas."

Mit den Bischöfen hatten wir ein brüderliches Verhältnis. Kardinal Döpfner wohnte im gleichen Stock im Germanicum, da hat er mich manchmal in seinem Wagen in die vormittägige Konzilssitzung mitgenommen. Das war allerdings nur in der ersten Konzilsperiode, später bin ich nie mehr in die große Sitzung im Schiff von Sankt Peter gegangen. Es war dort nicht so interessant: zuerst die Messe, dann die ganzen Zeremonien, die langen Bischofsreden – das hat kein großes Interesse für uns Periti gehabt. Wir haben unterdessen, wie schon angedeutet, gearbeitet. Es war zwar in Sankt Peter selbst am Vormittag ganz nett, es gab Kaffee in einem Winkel der Kirche, mit Süßigkeiten; den Kaffee hatten die Brasilianer gestiftet. Die Theologische Kommission selber tagte im Vatikan, man ging vom Petersplatz aus eine große Treppe hinauf, dann durch den Damasushof, dann mit dem Lift hinauf, dort oben war eine größere Aula, in der die Theologische Kommission tagte. Es war merkwürdig, wie lax die Sicherheitsmaßnahmen waren. Wenn man einen schwarzen Talar anhatte, konnte man hinein. An sich hätte der Schweizer Gardist einen Ausweis verlangen können, aber ich habe nie einen vorweisen müssen.

Der Papst wohnte im Palast natürlich woanders, in einem anderen Teil, seine Privatgemächer hatte er einen Stock höher. Papst Giovanni habe ich zweimal näher gesehen. Einmal, als er das Angelico zu einer Universität erhoben hat. Da war ich auch zu den Feierlichkeiten eingeladen. Und dann ein anderes Mal in einer halb privaten, halb öffentlichen Audienz. Josef Höfer, Remigius Bäumer und ich haben dem Papst einen Band des LThK überreicht. Bei Papst Paul VI. war ich bei verschiedenen Gelegenheiten gemeinsam mit der Theologischen Kommission. Auch hatte ich einmal eine Privataudienz bei ihm. Bei Johannes Paul II. war ich auch in Privataudienz, im März 1979, zu meinem 75. Geburtstag.

Können Sie zusammenfassend sagen, was das Konzil für Sie persönlich an Veränderungen bedeutet?

Erstens hatte ich von da ab keine Scherereien mit Rom mehr, was aber nicht bedeutet, daß die Beziehungen besonders herzlich geblieben sind. Ich glaube nicht, daß ich beim jetzigen Papst einen großen Stein im Brett habe, wahrscheinlich zu Recht. Er war wohl schon indigniert, daß ich mit einer schwarzen Krawatte in seine Privataudienz gekommen bin. Aber ich hatte eben keinen anderen Anzug, weil ich ja nicht für eine Privataudienz nach Rom gekommen war. Ich kannte den Papst schon von früher her, ich war auch einmal in Krakau zum Mittagessen bei ihm.

Der Durchbruch in der Theologie

Davon abgesehen hat das Konzil für mich die Bedeutung, die es für jeden Theologen und für jeden Christen hat. Es war zumindest teilweise eine amtliche Rezeption der Mentalität der heutigen Theologie, eine Veränderung des Klimas. Wenn Sie alte Schulbücher der Dogmatik ansehen und sie etwa mit meinem „Grundkurs des Glaubens" vergleichen, merken Sie deutlich den Unterschied in der Sprache, in der Nähe oder Ferne zur übrigen modernen Welt, zur heutigen Philosophie, den Unterschied in vielen Fragestellungen, das unbefangenere, ehrlichere Verhältnis zur Dogmengeschichte. Früher hat man gesagt: Jesus hat die sieben Sakramente eingesetzt, und wenn man kein Wort für eine solche Einsetzung aus dem NT hatte, dann hieß es: Wir haben zwar kein Wort mehr, aber er hat es sicher gesagt. Heute wird kein Mensch mehr so denken. Oder Kardinal Bea hat noch im LThK behauptet, der letzte Apostel müsse das definitive Wort über den Umfang des Kanons gesprochen haben. Wie groß der Kanon sei, könne man nur durch göttliche Offenbarung messen. Diese göttliche Offenbarung müsse durch ein Wort eines Trägers der ursprünglichen Offenbarung mitgeteilt worden sein. Nach dem Tod des letzten Apostels gibt es diesen Träger nicht mehr, also muß der Kanon vorher ausdrücklich in seinem Umfang durch den letzten Apostel geoffenbart sein. So etwas sagt heute niemand mehr. Heute wird man auch unbefangen mit einer Naherwartung Jesu historisch rechnen und damit fertig werden. Das sind Beispiele für einen riesigen Bewußtseinswandel in den Fragestellungen, in der Methode, in der Berücksichtigung der Dogmengeschichte. Früher war Nestorius ein schäbiger Ketzer, der ohne jeden Grund das vorher schon immer klar gewesene Dogma bestritten hat, heute wird man das anders sehen und tiefgreifende Entwicklungen der Dogmengeschichte unbefangen zugeben. Früher hat man die Dogmengeschichte im Grunde genommen geleugnet. Es sei nur höchstens diese oder jene neue Formulierung hinzugegeben worden, die aber durch eine einfache Deutung und Überlegung als schon in der vorausgehenden Formulierung enthalten erkennbar war.

Das Verhältnis des Christentums zu den anderen großen Religionen oder moraltheologische Fragen wie Gewissensfreiheit, Religionsfreiheit wird man seit dem Konzil anders sehen als früher. Die Entwicklung des Papsttums wird man sich sehr viel differenzierter vorstellen. In Mt 16 – so sagte man – hat Jesus zu Petrus gesagt, du bist der Papst, der erste Papst, du hast natürlich Nachfolger. Damit war das Problem im Grunde genommen gelöst. So wird heute kein Theologe mehr denken und sprechen.

Das Latein war die selbstverständliche Sprache der Theologie, heute dagegen brächte ein durchschnittlicher Professor an der Gregoriana eine lateinische Vorlesung aus dem Stegreif nicht mehr zustande. Das verändert auch die Mentalität. Früher liefen die Bahnen der protestantischen und katholischen Exegese und besonders der Bibeltheologien eigentlich getrennt. Die katholische Bibeltheologie war nur ein mit biblischen Zitaten bestückter Abklatsch der Schultheologie, heute sind die Bibeltheologien und die exegetischen Methoden bei Katholiken und Protestanten weitgehend identisch. Die Meinungsverschiedenheiten gehen quer durch die katholische und die evangelische Theologie.

Das alles ist jedoch nicht durch das Konzil allein geschehen, man könnte vielleicht sogar sagen, vieles in der Ekklesiologie sei im Konzil – also auch in Lumen gentium – noch sehr traditionell vorgetragen. Aber das Konzil sanktionierte eben doch einen Durchbruch und einen tiefgehenden Wandel in der Theologie, Dogmatik und Exegese. Auch das Kirchenrecht ist flüssiger geworden. Daß da für die verschiedenen Schulen, Professoren, Orden nicht alles uhrzeitlich gleich schnell ablief, ist selbstverständlich. Es gibt auch rückläufige Bewegungen oder Bremsvorgänge seitens Rom, aber gemessen an dem, was Rom vor fünfzig Jahren geduldet hat, ist die Variationsbreite der katholischen Theologie viel größer geworden.

Plötzlich war da eine Aufbruchsstimmung

Das ist eben so gekommen, keiner weiß so recht, wie. Es war ja nicht gesteuert. Der gute Johannes XXIII. hatte die Idee, ein Konzil zu machen. Den Grund dafür kennt letztlich niemand. Er selber war ja ein einfacher, höchst konservativer, wenn auch frommer und netter Mann. Er war absolut kein Vorwärtsstürmer. Seine römische Synode, die er kurz vor dem Konzil noch abgehalten hatte, war das Musterbeispiel von altmodischer, reaktionärer Bischofssynode, wie sie schlimmer nicht hätte sein können. Dann kam das Konzil, und derselbe Johannes XXIII. hat es gemacht. Doch plötzlich, unvorhersehbar war da eine Aufbruchsstimmung. Niemand kann genau sagen, wie es dazu kam.
In den vorbereitenden Kommissionen vor dem Konzil saßen durch die Bank römische neuscholastische Schultheologen. Man wollte den limbus parvulorum und den Monogenismus definieren, man wollte eine ganz normale lateinische Schultheologie vortragen. P. Tromp hatte die Idee vom Corpus Christi Mysticum entwickelt, die er in der Enzyklika von Pius XII. vortragen ließ. Das war zwar, gemessen an der Bellarminischen Kirchenkonzeption als der Societas perfecta, auch schon irgendwie etwas Neues. Aber Tromp hatte natürlich nur das an Neuem zugeben wollen, was ihm nahelag, wo er schon einen guten Einfall hatte. Insofern waren die Schemata, die vor dem Konzil verbreitet wurden, recht altmodische Theologie; natürlich stand da auch viel Richtiges, viel Gutes und Wahres drin.
Ich wurde vor dem Konzil in eine Kommission für die Sakramente berufen, ich wurde aber nie zu einer Sitzung nach Rom eingeladen. Mir wurde gesagt, das sei zu umständlich, das koste zu viel Geld, das könne man in Rom auch allein machen. Also war ich nicht dort, obwohl ich als Theologe für die Vorbereitende Kommission ernannt war.

Mit diesen vorkonziliaren Schemata, wie sie genannt wurden, fing das Konzil an. Männer wie Tromp waren davon überzeugt, daß das Konzil eigentlich nur noch seinen Segen zu diesen schon fertig vorbereiteten Schemata geben müsse. Aber in einem kritischen Moment am Anfang des Konzils entschied Papst Johannes XXIII. eben doch, daß das Konzil neu anfangen und seine Dekrete selber erarbeiten könne. Alle vorkonziliaren Schemata verschwanden, keines davon wurde im Konzil selbst vorgelegt und diskutiert. So konnten ganz andere Theologen und Mentalitäten zu Wort kommen. Es war zunächst eine letztlich nicht erklärbare Entscheidung des Papstes Giovanni, der die Konsequenzen vermutlich auch nicht vorausgesehen hat; er hat etwas angefangen, dessen Folgen niemand geahnt hat.
Man kann freilich ein Bild der konziliaren Mentalität malen, von der man dann alles mögliche ableitet, was absolut nicht in der Konzeption des historisch greifbaren Konzils gewesen ist. Wenn heute jemand sagt: im Geist des II. Vatikanischen Konzils müssen auch Frauen geweiht werden, dann ist das natürlich Unsinn. Das Konzil hat nie daran gedacht. Ob das trotzdem richtig wäre oder nicht, ist aber nochmals etwas anderes. Und so gibt es viele Dinge. Etwa, wie weit die zweifellos gewünschte größere Einflußnahme des Bischofskollegs gehen sollte. Man könnte durchaus mit guten Argumenten sagen: Den Bischöfen war mehr Mitsprache zugedacht, als sie dann vom ängstlichen Paul VI. bekommen haben. Die Bischofssynode hat ja praktisch nicht viel zu sagen. In mancher Hinsicht fordern Geist und bis zu einem gewissen Grad auch Buchstabe des Konzils Weiterentwicklungen in der Kirche, die von Paul VI. gebremst wurden. Der jetzige Papst sagt zwar, er fühle sich berufen, das Zweite Vatikanische Konzil durchzuführen, aber eine solche große und gute Absicht ist noch lange nicht realisiert.
Ein anderes Beispiel: Paul VI. bestellte eine Kommission, die eine liberale Stellungnahme zu Ehe- und zu Empfängnisfragen erarbeitete. Sie wurde mit der Mehrheit der von Paul VI. selbst eingesetzten Bischöfe und Experten verabschiedet. Dann machte der Papst im Alleingang die Enzyklika „Humanae vitae“, in der er eingestandenermaßen auf Grund seiner eigenen Vollmacht und seines Studiums das Gegenteil er-

klärte. Die Praxis des Ausgleichs der päpstlichen Vollmacht, der Autorität des Gesamtepiskopates und auch des Einflusses des Volkes Gottes auf die Entscheidungen des Amtes ist noch lange nicht so, wie man sie vom II. Vatikanum her wünschen kann.

DIE SCHÜLER

Geärgert hat mich der Vergleich mit Hase und Igel

Man sagt, daß alle Ihre Assistenten oder Schüler Professoren geworden sind.

Ja, Metz war mein Doktorand in Innsbruck, später in München hatten wir auch noch gute Beziehungen, als er dort studierte. Später waren wir dann Kollegen in derselben Fakultät in Münster. Vorgrimler war ein Mitarbeiter von mir bei der Herausgabe des LThK, ein Mitarbeiter von unersetzlicher Bedeutung. Später wurde er mein Nachfolger in Münster. Der Würzburger Fundamentaltheologe Elmar Klinger war mein Assistent in Münster. Karl Lehmann war in München und in der ersten Zeit von Münster mein Assistent mit einer riesigen Hilfsbereitschaft; dann war er Professor in Mainz und Freiburg im Breisgau. Und jetzt ist er Bischof in Mainz. Heinz Schuster war mein Doktorand und Mitarbeiter bei der Herausgabe des Pastoraltheologischen Handbuches, er ist jetzt Professor in Saarbrücken. Adolf Darlap, der jetzt Professor in Innsbruck an der Theologischen Fakultät ist, war jahrelang mein Mitarbeiter beim LThK und beim vierbändigen Lexikon „Sacramentum mundi". In Münster war einmal Friedo Mann, ein Enkel von Thomas Mann, mein Assistent.

Er arbeitet aber jetzt als Psychologe in der Medizinischen Fakultät der Universität Münster. Kuno Füssel war einmal in Münster meine Wissenschaftliche Hilfskraft und ist durch sein Eintreten für eine Versöhnung von Christentum und Sozialismus bekannt geworden. Von den Mitbrüdern aus dem Orden seien wenigstens Walter Kern, Karlheinz Neufeld, Roman Bleistein und Paul Imhof als Mitarbeiter genannt. Ich kann jetzt natürlich weder die Kollegen in den deutschsprachigen theologischen oder in anderen theologischen Fakultäten oder anderen Ländern aufzählen, zu denen ich eine freundschaftliche Beziehung habe, noch eigentliche Schüler nennen, die in außereuropäischen Ländern wirken und mit denen ich von Innsbruck oder Münster her freundschaftlich verbunden geblieben bin.

Ist Metz Ihr Lieblingsschüler gewesen?

Wie man es nimmt. Metz hat Wert darauf gelegt, eine eigenständige Politische Theologie zu entwickeln. Er interpretiert sie im allgemeinen als von meiner Theologie weit entfernt. Metz hat natürlich immer und zu allen Zeiten zugegeben, daß er mein Schüler war und mir viel verdankt, aber er hat noch stärker betont, daß er ein kritisches Verhältnis zu meiner Theologie habe. Wir haben eigentlich nie darüber geredet. Geärgert hat er mich, weil er mehrere Male in Vorträgen den Vergleich zwischen Igel und Hase gebracht hat: Ein Igel und ein Hase machen einen Wettstreit, wer schneller laufen kann. Sie laufen also in zwei Kartoffelfurchen nebeneinander, können sich aber erst im Ziel sehen. Der Hase rennt wie wahnsinnig, doch der Igel stellt am anderen Ende seine Frau auf, und wie der Hase dahersaust, schreit die Frau Igel: Ich bin schon da. – Dann hat Metz erklärt, ich sei der Igel, der angeblich mit seiner transzendentalen, apriorischen Theologie immer schon die theologischen Resultate erzielt habe, während sich Metz mit seiner Politischen Theologie entsetzlich mühen müsse. In der Festschrift zu meinem 75. Geburtstag hat Vorgrimler dann gefragt, wo denn bei mir der zweite Igel sei. Eine transzendentale Theologie, die immer wieder auf sich selbst reflektiert, müht sich vielleicht viel mehr als die Politische Theologie, die munter und vergnügt in das Morgenrot der Zukunft läuft – so ungefähr.

Persönlich hat das alles aber weiter nichts zu sagen. Metz hat mich zu meinem sechzigjährigen Ordensjubiläum in fast übertriebener Weise gelobt. Mit ihm bin ich natürlich auf du, mit Vorgrimler auch.
Lehmann habe ich beim Konzil kennengelernt. Er war damals noch in Rom im Germanicum. Anschließend mußte er nicht in die Kaplansarbeit, sondern konnte sofort weiter wissenschaftlich arbeiten. Lehmann war mein bester Assistent. Er hat praktischen Verstand, konnte Auto fahren (wichtig für mich!), und gleichzeitig ist er wohl der beste Theologe der jüngeren Zeit.

Freundschaftliche Ermahnung an den Schüler

Sind Sie – von der Theologie her – überrascht, daß Lehmann Bischof wurde?

Lehmann ist im besten Sinne ausgeglichen und auch in der Theologie auf einer mittleren Linie. Auf der Würzburger Synode war er mit Döpfner sehr verbunden, so müßte er in Rom eigentlich eine gute Presse haben. Offenbar hat es ihm nicht geschadet, daß er einmal mein Assistent war, er hat es auch nie vertuscht oder geleugnet. Bei all seiner Vorsicht und konservativen Linie ist Lehmann sicher eine wertvolle Bereicherung des deutschen Episkopats.
In der Mainzer Kirchenzeitung habe ich geschrieben, daß für einen ruhigen, konservativen, in Treue zu Rom stehenden Mann wie Lehmann die Gefahr besteht, daß diese Tugend auch eine Untugend werden kann. Es muß jemand auch unter Umständen einmal eine heilige Einseitigkeit praktizieren können. (Ich sage das mehr in kirchenpolitischer als in theologischer Hinsicht. Wenn jemand z. B. behauptet, die Erstbeichte müsse vor der Erstkommunion sein, müßte ein Bischof auch sagen können: Nein, wir machen das anders.) Gekränkt war Lehmann durch diese freundschaftliche Mahnung gar nicht, er hat mir sogar in einem freundlichen Brief geant-

Auf der Würzburger Synode mit Kardinal Ratzinger und Bischof Lehmann

wortet, er würde sich bemühen, diese Mahnung zu beachten. Vergleiche sind problematisch. Ich kann solche zwischen meinen Schülern nicht anstellen, weil jeder sein eigenes Arbeitsgebiet und seine Eigenart hat. Man kann seine Schüler nicht vergleichen. Metz ist vielleicht in der theologischen Welt am bekanntesten geworden. Das allein aber ist für mich kein Grund, die anderen Schüler weniger zu schätzen. Vorgrimler zum Beispiel hat eine ganz ausgezeichnete Arbeit über die Geschichte des Bußsakramentes geschrieben, die bisher von niemandem überholt worden ist. Wir haben zusammen das Theologische Wörterbuch verfaßt, das in weit mehr als hunderttausend Exemplaren deutsch und in vielen Übersetzungen verbreitet ist.

Die zwei Rollen Ratzingers

Mit Kardinal Ratzinger haben Sie doch auch zusammengearbeitet und Bücher geschrieben?

Ja, in früheren Zeiten. Er hat eingestandenermaßen eine Wendung gemacht, als er von Tübingen nach Regensburg ging. Sein Bruder ist Chef der Regensburger Domspatzen, aber das allein könnte eigentlich kein Grund sein, von Tübingen wegzugehen. Er hielt offenbar das ganze theologische Studentenklima in Tübingen nicht mehr aus. Ratzinger ist anders geworden, und das ist sein gutes Recht. Sicher ist er mit dem Papst sehr vertraut. Es ist nur die Frage, ob Ratzinger jetzt nicht in Gefahr ist, mit seiner großen theologischen Gelehrsamkeit und seinem dialektischen Scharfsinn nur eine römische Mentalität und römische Trends theologisch zu untermauern. Rom ist gewiß die bevorzugte Stätte des katholischen Glaubens, aber nicht alles und jedes, was in Rom gedacht wird, ist darum schon eine verpflichtende Norm in der ganzen katholischen Welt.
Wichtig wäre für ihn, eindeutig und klar zu unterscheiden zwischen Ratzinger als Theologen mit seinen berechtigten, vielleicht auch problematischen Eigenmeinungen, und Ratzinger als Chef der Römischen Glaubenskongregation. Das

sind zwei ganz verschiedene Sachen. Es ist selbstverständlich, daß ein römischer Prälat eine bestimmte theologische Meinung hat. Trotzdem darf er sie anderen nicht amtlich aufzwingen. Diese Unterscheidung ist wichtig, aber natürlich auch schwierig. Pius X. hat etwa gemeint, er müsse die Autorenschaft des Paulus am Hebräerbrief behaupten und lehren, daß man das nicht leugnen dürfe. Heute sieht jeder, daß er da die Grenzen falsch gezogen hat und etwas in eine lehramtlich zu verteidigende Position miteinbezogen hat, das auch damals besser amtlich nicht hätte gelehrt werden sollen.
Dazu kommt noch eine zweite Schwierigkeit. Es ist durchaus zu wünschen, daß die Glaubenskongregation nicht einfach mit bloßen Verboten arbeitet, sondern sich auch bemüht, die amtliche Lehre positiv zu begründen und so zu helfen, sie als richtig einzusehen. Wenn die Glaubenskongregation in dieser Richtung mehr tun will als früher, kommt sie in die Gefahr, das mit Mitteln einer problematischen Theologie zu tun. Wenn ich mich bemühen wollte, einem Protestanten von heute ein Verständnis des Ablasses zu vermitteln, müßte ich meine eigene Theologie und Interpretation einer solchen kirchlichen Lehre einbringen. Dann kann natürlich ein anderer sagen: Du begründest das und machst das verständlich auf eine Weise, die gar nicht stimmt, die z. B. dem genauen Wortlaut der Ablaßlehre Pauls VI. widerspricht. Es ist also gar nicht leicht, eine bestimmte Lehre der Kirche positiv zu interpretieren und zu verteidigen, ohne dabei anfechtbare Behauptungen aufzustellen und so die zu verteidigende Lehre selbst wieder zu verdunkeln und zu verzerren. Die Glaubenskongregation hat es nicht leicht.

Wie war Ihre Zusammenarbeit mit Ratzinger früher, etwa während des Konzils?

Während des Konzils war Ratzinger als junger, progressiver Theologe Berater von Kardinal Frings. Um ein vorkonziliares Schema zu Fall zu bringen, machten wir ein gemeinsames Elaborat, das den deutschen, belgischen und französischen Bischofskonferenzen unterbreitet wurde. Diese lancierten es als Vorschlag für das Konzil, um zu zeigen, daß man gut katholisch auch anders sprechen kann als die vorkonziliaren Schemata. Unser gemeinsamer Text ist bald wieder im Papierkorb verschwunden, ohne daß man sagen kann, dadurch sei ein Unglück geschehen. Trotzdem hat er dazu beigetragen, daß die vorkonziliaren, von den Römern ausgearbeiteten Schemata in der Schublade verschwanden. Das Konzil hat in den verschiedenen Kommissionen seine Erklärungen, Dekrete und Konstitutionen selber erarbeitet. Das war vielleicht die entscheidende Weichenstellung am Anfang des Konzils, und da waren Ratzinger und ich ein Herz und eine Seele. Ob er heute noch so dächte, weiß ich nicht. Vielleicht würde er sagen, wir wären da in einer Konzilseuphorie in eine Richtung vorgestoßen, die sich dann als Sackgasse erwiesen habe. Wir hatten im Konzil aber sonst nicht sehr viel miteinander zu tun, einfach deshalb, weil ich in der Theologischen Kommission war und Ratzinger in einer anderen. Ich wohnte damals im Germanicum, er in der Anima, in der Umgebung von Frings – er ging sogar, glaube ich, einmal mit dem blinden Frings nach Neapel und erzählte ihm, was man dort sehen kann.

Später haben Sie sich dann auseinandergelebt. War Metz der Anlaß für den Höhepunkt der Konflikte?

Man muß da vernünftig sein. Metz war von der Münchner Theologischen Fakultät an erster Stelle als Nachfolger von Fries vorgesehen. Der Kardinal hat in Zusammenarbeit mit Hans Maier, der Metz auch nicht mochte, bewirkt, daß das Ministerium ihn bei der Berufung überging. Juristisch ist das möglich, es ist nur die Frage, ob das Ministerium für die bessere Theologie zuständig ist. Was den Kardinal betrifft, so kann er als privater Theologe Metz und seine Politische Theologie nicht wünschen oder kein Verständnis dafür haben. Aber in diesem Fall hat er meiner Meinung nach die Kompetenzen eines Bischofs in einer solchen Sache einer Berufung an eine staatliche Universität überschritten. Der Bischof hat bei der Ernennung eines Theologen zu prüfen, ob er orthodox ist und ein moralisch einigermaßen erträgliches Leben führt. In diesen beiden Hinsichten konnte er gegen Metz nichts sagen.
Ich habe Ratzinger einen offenen Brief in Sachen einer Berufung von Metz nach München im „Publik-Forum" geschrieben, den er in fairer Weise entgegennahm. Er widersprach na-

türlich, hat mich aber einmal zum Abendessen eingeladen und mich dann mit dem Mercedes wieder nach Hause fahren lassen. Vor dem Abendessen sprachen wir ungefähr eine Stunde lang über diese Affäre, es kam aber dabei nichts heraus.

Mein Verhältnis zu Ratzinger war auch sonst nicht einfach nur Streit und Meinungsverschiedenheiten. Er hat z. B. meinen „Grundkurs des Glaubens" in einer sehr langen Rezension noch als Kardinal im ganzen sehr positiv gewürdigt, er hat mich einmal zu einer Tagung seines Regensburger Universitäts-Seminars einen ganzen Tag lang in die Abtei Weltenburg eingeladen. Er hat mir auch in der Sache Küng einen freundlichen Brief geschrieben, den ich anerkennen kann, auch wenn er in dieser argen Sache keine neuen Resultate brachte.

Es war damals ein engagierter Akt Ihrer Freundschaft zu Metz?

Nun ja, das kann man sagen. Es werden sich sehr viele Leute in solchen Fragen nicht gern die Finger verbrennen. Vielleicht war das Problem auch etwas schwieriger, als ich es damals gesehen habe.

LIEBE ZUR KIRCHE

Auf Tod und Leben zueinandergehören

Pater Rahner, Sie haben stets das Wort ergriffen, wenn es nötig war, Sie hatten deshalb oft Schwierigkeiten. Doch Sie haben stets treu zur Kirche gehalten. Wie würden Sie Ihr Verhältnis zur Kirche beschreiben?

Ein eher konservativer irischer Kapuziner hat mir einmal erklärt, es hätte ihn immer erbaut, daß ich indiskutabel zur Kirche halte. Ich frage mich, was denn das Besonderes sein solle. Ich bin ein normaler Katholik, Priester und Jesuit, der ein indiskutables Verhältnis zu seiner Kirche hat. Seine Kirchenzugehörigkeit ist ein notwendiger Bestandteil seines liebend-glaubend-hoffenden Verhältnisses zu Gott selber. Das Geschwätz ,,warum bleibe ich doch noch in der Kirche" dreht mir den Magen um. Ein Nichtkatholik kann so fragen, oder ein ,,liberaler" Katholik, der nur zufälligerweise in der katholischen Kirche geboren und von katholischen und nicht von anderen Pfarrern betreut wurde, der aber noch gar kein kirchlicher Christ ist. Ein wirklicher Katholik und Priester kann nicht so fragen.
Es können aber innerhalb dieses indiskutablen, absoluten Verhältnisses zur Kirche analog dieselben Schwierigkeiten auftauchen wie etwa in einer Ehe. Wenn jemand sagt: das ist meine Frau, wir bleiben beieinander, und etwas anderes

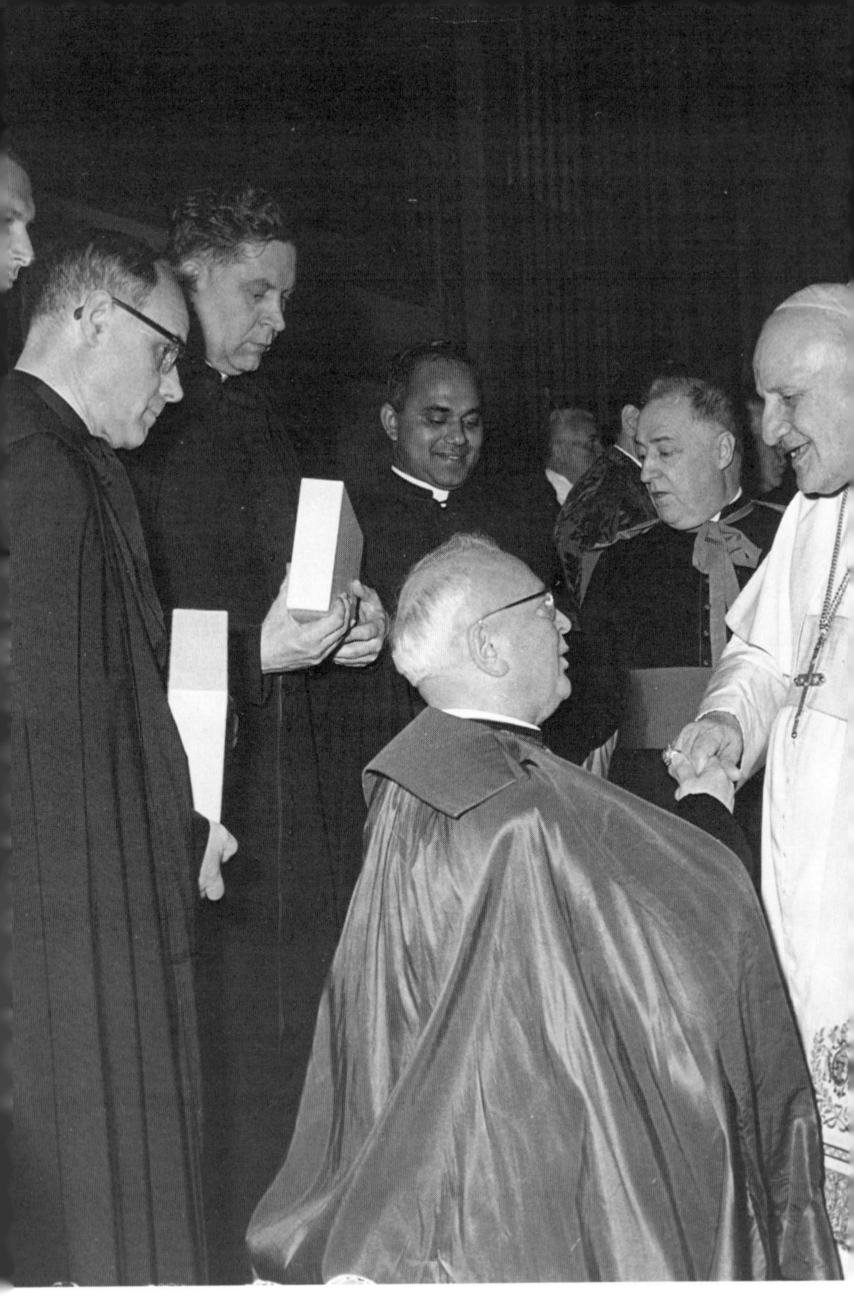

Überreichung großer Werke für die Kirche

kommt nicht in Frage, so kann er trotzdem Scherereien mit seiner Frau haben, kann in diesem oder jenem enttäuscht sein. Das gibt es im Verhältnis zur Kirche auch. Das ist genauso, wie wenn zwei Menschen, die auf Tod und Leben zueinander gehören, sich einmal anbrüllen. Aber das passiert alles auf dem indiskutablen Boden eines positiven letzten Verhältnisses. Wieweit – abstrakt gesagt – kategoriale Wirklichkeiten in das letzte, transzendentale Verhältnis eines Menschen zu Gott eintreten oder wieweit sie das in einer Individualgeschichte tun, ist eine offene Frage. Jeder wirkliche Christ wird ein indiskutables, absolutes Verhältnis zu Jesus Christus haben, obwohl es nicht identisch ist mit dem Verhältnis zum absoluten Gott, wo ich eine transzendentale Absolutheit meines Verhältnisses habe. Doch vielen Leuten ist Christus so noch nicht begegnet. Genauso gibt es sehr viele Leute innerhalb und erst recht außerhalb der katholischen Kirche, denen diese kategoriale, geschichtliche, begrenzte, endliche, fehlerhafte Wirklichkeit Kirche noch nicht so begegnet ist, daß sie in das absolute Verhältnis zu Gott hineingenommen wird. Ein normaler Priester aber müßte es soweit gebracht haben, daß er nicht sagt: Ich bin eben zufälligerweise in diesen Laden hineingeraten, vielleicht wäre es viel netter, Protestant zu sein.

Auf der anderen Seite gibt es Leute, die fürchterlich für den Papst begeistert sind, aber dennoch nicht das richtige Verhältnis zu ihm haben. Sie schwärmen, weil es gerade Giovanni ist und er auch ein bißchen mit Witzen arbeitet; genauso die Begeisterung für den jetzigen Papst. Mir war der Giovanni recht, und mit dem jetzigen werde ich auch fertig werden. Es macht einen Unterschied, ob diese Realität theoretisch richtig verstanden wird und in die Absolutheit meines Glaubens, meiner Beziehung zu Gott aufgenommen ist, oder ob ich über menschliche Dinge, die auch Päpsten zukommen, begeistert oder enttäuscht bin.

Kardinal Döpfner wurde immer wütend beim Begriff „Amtskirche“, den Sie geprägt hätten.

Der Begriff der Amtskirche ist nicht von mir. Es gibt das Amt in der Kirche. Dieses Amt ist eine letztlich von Christus gewollte, soziologische Wirklichkeit und Notwendigkeit in einer Glaubensgemeinde, die Jesus Christus in der Weltgeschichte präsent halten soll. Und dieses Amt in der Kirche, das für die Kirche notwendig ist, ist an sich nicht *die* Kirche, sondern ein Teil der Kirche. Faktisch kann man nicht leugnen, daß das Amt in der Kirche mindestens seit der Reformation und erst recht in der Pianischen Epoche – teilweise bedingt von Bellarmin – sich selbst als die Kirche verstand. Die anderen wurden – nicht in einer letzten definitorischen Entscheidung, aber im konkreten Lebensgefühl – als die von der Kirche Betreuten, als Schafe betrachtet, die in die himmlische Seligkeit hineinzubringen sind. Mit anderen Worten: das Amt in der Kirche hat sich faktisch als Amtskirche verhalten. Am Begriff Amtskirche bin ich nicht schuld, er ist nicht von mir geprägt. Dieser Begriff ist bedenklich, weil man dogmatisch richtig nur vom Amt in der Kirche und nicht von der Amtskirche reden kann. Aber diese schlechte Bezeichnung wurde durch das praktische Verhalten der Amtsträger in der Kirche selber hervorgerufen. Im II. Vatikanum ist das durch den Begriff der Kirche als Corpus Christi Mysticum und als pilgerndes Gottesvolk theoretisch überwunden. Das erste Kapitel von „Lumen gentium“ spricht nicht von Amt, sondern vom pilgernden Volk Gottes und von der Kirche im ganzen. Nicht überall wird das aber in der Praxis sichtbar. Daß Bischöfe und Priester eine Amtsfunktion haben, die nicht einfach demokratische Delegation des Volkes Gottes ist, ist eine andere Frage. – Zu Kardinal Döpfner möchte ich sagen: „Lieber Döpfner, das Wort ‚Amtskirche‘ habe ich erstens nicht erfunden. Zweitens ist es ein mißverständliches und nicht ein gutes Wort. Man kann es oft nicht leicht vermeiden. Drittens seid Ihr selber schuld an diesem Wort.“

DER JESUIT

Ein Ordensleben – ganz nüchtern und vernünftig

Warum sind Sie 1922 Jesuit geworden?

Das weiß ich im Grund genommen nicht mehr. Wenn Sie einen Mann nach sechzig Jahren Ehe fragen, warum hast du grad die Berta geheiratet und nicht die Andrea, dann kann er es vielleicht nicht mehr so genau sagen. So ähnlich ist es bei mir. Natürlich, daß man katholisch ist, daß man Verständnis für das Priestertum hat, daß man etwas mit dem lieben Gott zu tun haben will – solche allgemeinen Gesichtspunkte waren für mich selbstverständlich. Aber ich hätte auch Weltpriester werden können oder ein für religiöse Dinge interessierter Akademiker im Stil von Walter Dirks. Was ganz spezifisch motivierend gewirkt hat, weiß ich nicht mehr. Ich glaube mich zu erinnern, daß ich mir so etwas wie Studentenseelsorge als konkretere Aufgabe innerhalb des Ordens vorgestellt habe. Nach der Philosophie wurden manche meiner Kursgenossen nach Brasilien geschickt – das hätte auch mir passieren können. Ich glaube jedenfalls nicht, daß ich damals an eine theologische Professur gedacht habe, sondern man stellte sich dem Orden einfach zur Verfügung, basta.
Es gibt in jüngeren Jahren einen Enthusiasmus gefühlsmäßiger Art; wenn man alt wird, breitet sich eine andere Atmo-

sphäre der Erfahrung aus. Deutlicher als früher sieht man alle menschliche Unzulänglichkeit auch in einem Orden und seiner Geschichte. Aber das ändert nichts daran, daß ich froh bin, mein Leben an einen solchen Lebensstil, an eine solche Aufgabe verbraucht zu haben. Wenn ich mir vorstelle, ich wäre etwa Rechtsanwalt geworden, hätte Frau und Kinder, hätte mich um ein Vermögen bemüht, ein Haus gebaut, schöne Ferien in Tunis gemacht und im Weltrechtsanwaltsverein eine Rolle gespielt, dann erscheint mir ein Jesuitenleben zehnmal erfreulicher. Gewiß, unter der Schicht einer solchen spießbürgerlichen Banalität gibt es auch noch anderes – eine echte Liebe zu seiner Frau, Kindern das Dasein geschenkt zu haben und sie zu vernünftigen Menschen erzogen zu haben. Umgekehrt ist auch der greifbar radikale Lebensstil in einem Orden irgendwo von Sand und Asche, von Unzulänglichkeit und Enttäuschung bedeckt. Letztlich sind alle möglichen Leben, wenn man sie vergleicht, etwas mühsam und enttäuschend.
Heute redet man viel vom Sinn, von Lebenserfüllung und Selbstverwirklichung. Letztlich wird man aber an allen einzelnen Erfüllungen des Daseins bis zu einem gewissen Grad enttäuscht. So kann wirkliche Sinnerfüllung nur bestehen als Kapitulation vor der Unbegreiflichkeit Gottes, die aber angenommen wird als die unbegreifliche, doch wahre, einzige, totale Sinnhaftigkeit. Mit anderen Worten: Zu einem christlichen Leben gehört das Kreuz, man kann auch sagen, der Tod. Zum Leben gehört die Erfahrung, daß man überall dort, wo man Sinn, Freude und Befriedigung, Erfüllung und Selbstverwirklichung und wie man das alles heute nennt, zu ergreifen sucht, entweder in eine letzte Enttäuschung, Verzweiflung und Resignation fällt oder dieses Fallen in den Abgrund des Unbegreiflichen als die wahre Annahme des unendlichen, seligen Geheimnisses erfährt.
Ein noch so unvollkommenes und bruchstückhaftes Ordensleben ist doch die ausdrücklichere, von vornherein eingeplante und gewollte Annahme dieser Situation. Mein Bruder Rudolf etwa hat unendlich oft operiert, hat Geld verdient, ist auf die Jagd gegangen, hat eine Frau, mit der er bis an sein Lebensende lebt, hat Kinder, die nicht mißraten sind. Jetzt, am Rand des Todes, möchte ich sagen: Ich habe eher versucht,

Mit Pater General Pedro Arrupe und Pater Henri de Lubac, Kardinal

diese äußerste Situation, also die letzte Wahrheit meines Lebens, von vornherein als das Strukturprinzip meines Lebens zu realisieren. Gut, ich bin Professor geworden, aber das Geld, das ich verdiente, habe nicht ich bekommen. Ich war prinzipiell bereit, einen ganz anderen Lebensstil zu leben, irgendwo in Brasilien Schulmeister zu werden, nach Indien zu gehen oder Volksmissionar zu werden. Natürlich führte ich, im Unterschied etwa zu den Leuten, die Georg Sporschill betreut, ein relativ erfreuliches, ruhiges, bürgerliches Leben. Nicht einmal im Krieg mußte ich ernsthaft hungern, Krankheiten verliefen im Vergleich harmlos, ich habe keinen Krebs – zumindest ist noch keiner festgestellt worden. Ist das das Hundertfache, das Jesus denen verheißt, die Vater und Mutter verlassen? Oder habe ich so meinen Lohn schon in diesem Leben erhalten, obwohl ich doch die Welt lassen und das ewige Leben empfangen wollte? Aber wenn jemand zu mir sagt: Du hast es gut, weil du arm bist – warum wählt er dann nicht selbst die Armut?

Gott, sei mir Sünder gnädig

Natürlich bleiben einem dadurch, daß man nicht heiratet, verschiedene Probleme, Schwierigkeiten, Enttäuschungen des Lebens erspart. Ein solcher Verzicht kann auch etwas Feiges in sich haben, und es gibt Ehelose, die egoistischer sind als die Verheirateten, die doch normalerweise eine gewisse Selbstlosigkeit der Frau und den Kindern gegenüber haben. Ich weiß nicht, ob ich irgendetwas in meinem Leben getan habe, was des ewigen Lebens als Angeld würdig wäre. Doch auch der Laie und Weltmann weiß nicht, ob er in all diesen weltlichen Kämpfen um sein irdisches Glück letztlich doch Gott dienen wollte oder ob er sich in seinem ihn verdammenden Egoismus ewig verrannt hat. Weltliches Leben und Ordensleben haben ihre je eigene Problematik, die man untereinander nicht ganz aufrechnen kann. So zeigt sich, daß es ein sinnvolles christliches Weltleben durchaus geben kann, aber es zeigt sich auch, daß die heilige Verrücktheit, auf das ewige Leben vorzugreifen, ihren Sinn hat, so wie es Gott jedem zu-

schickt und mitgibt. Welche Motivation man als junger Mensch hat, weiß ich heute nicht mehr, und ich brauche es auch nicht zu wissen. Am Ende weiß man nur, daß es einen unbegreiflichen Gott gibt, den man als Liebe und als Sinn glaubt und annimmt und zu dem man sagt: Gott, sei mir Sünder gnädig.
Es kann bei solcher Sicht der Eindruck entstehen, man könne fälschlich etwas überspringen, was man durchgemacht haben müßte, um bei Gott anzukommen. Es gibt im Christentum keine Aszese, die absolut sein will. Ein Buddhist kann sagen, ich mache mich von allen Begierden radikal frei, dann bin ich erlöst. So ist es im christlichen Leben nicht. Ich bin nie der absolute Aszet, auch nicht, wenn ich ehelos bleibe, auf gewisse andere Vollendung verzichte, also die Spatzen auf der Erde fliegen lasse zugunsten der Taube im Himmel. Das ist nicht hundertprozentig und darf es gar nicht sein. Ein Ordensmann, der auf die Ehe verzichtet, kann trotzdem die Andrea gern haben und sich an einem guten Essen freuen – obwohl mit dem Alter auch die Genußfähigkeit sehr abnimmt. Oder wenn einer besondere Freude am Gemeinschaftsleben hat und sich in der gegenseitigen Brüderlichkeit geborgen fühlt, so ist das schön und recht.

Wo haben Sie sich geborgen gefühlt?

Das weiß ich nicht mehr. Vielleicht ist vieles an Geborgenheit so selbstverständlich da, daß man es gar nicht reflektiert. Die moderne Generation reflektiert viel mehr als wir auf all diese subjektiven Stimmungen und Erlebnisse. Ich würde sagen, beim Papstbesuch war der Papst sympathisch und hat viel Vernünftiges gesagt. Der heutige Jugendliche sagt: Ich hatte ein großartiges und unvergeßliches Erlebnis. Er nimmt sich selbst immer noch einmal auf seine Subjektivität zurück, und erst wenn er dort angekommen ist, fühlt er sich geborgen, glücklich und bestätigt. Diese Introversion, diese Regression auf sich selber gab es früher nicht so stark. Natürlich war man aufgekratzt und lustig, aber da ist doch ein Unterschied.

Ich habe in den Ferien ein schlechtes Gewissen

Wenn ein Mensch so viel gearbeitet und so viel zusammengebracht hat wie Sie, dann ist es verständlich, daß es viele Legenden über seinen Arbeitsstil, sein Aufstehen, seine Kontakte gibt.

Ja ja. Früher bin ich sicher früh aufgestanden, ich weiß eigentlich nicht, warum. Jedenfalls habe ich nie sehr früh angefangen zu arbeiten, selten vor acht Uhr. Ich ging einfach zeitig ins Bett. Vielleicht unterscheidet sich mein Lebensstil insofern ein wenig oder viel, als ich wenig Hobbies hatte. Die heutigen Patres in Innsbruck gehen auf die Berge, fahren Ski, haben ein ausgeprägtes Bedürfnis nach Erholung, nach Ferien, nach Reisen weiß Gott wohin, nach photographischer Meisterschaft und nach ich weiß nicht, was alles. Ich habe nichts dagegen, aber ich hatte wenige Hobbies. Ich hatte nicht viel mit Musik zu tun, doch ich las relativ viel moderne Literatur. Alles blieb aber in Grenzen und war mit Arbeit und Pflichterfüllung eng verknüpft. Durch so eine Begrenzung kommt man halt in der Arbeit schneller weiter. Früher gab ich viele Exerzitien und hielt Vorträge, aber eine besondere Anstrengung bei meiner Arbeit habe ich nie bemerkt. Da suggerieren sich heute die Menschen – auch in den Orden – alle möglichen Bedürfnisse; dabei überanstrengen sie sich ja gar nicht. Meine Mutter hat ihr Lebtag lang keine Ferien gehabt. Und auch wenn ich Ferien gemacht habe, fühlte ich mich nachher genauso elend oder gut wie vorher auch. Ich habe bei den Ferien eher ein schlechtes Gewissen, Zeit zu verschwenden, die man nützlicher verwenden könnte. Jeder Novize meint heute, er müsse nach sechs Wochen Noviziat erst einmal nach Hause fahren – das hat es früher nicht gegeben. Zehn Jahre nach meinem Eintritt war ich zum ersten Mal daheim, ich fand das selbstverständlich und hatte kein Problem dabei.

Natürlich sind das sehr subjektive Eindrücke, die gewiß von meinem Alter mitbedingt sind. Selbstverständlich müssen die Jungen auch in einem Orden letztlich *ihren* Weg gehen und ihn darum auch selber finden. Hinter vielen Erscheinungen, die ein Alter sehr leicht als Verfallserscheinungen interpre-

Pierre Teilhard de Chardin.

Nachdem ich Dich als Den erkannt
habe, Der mein erhöhtes Ich ist,
laß mich, wenn meine Stunde
gekommen ist, Dich unter der
Gestalt jeder fremden oder feindlichen
Macht wiedererkennen, die mich
zerstören oder verdrängen will.
Wenn sich an meinem Körper oder
an meinem Geist die Abnutzung des
Alters zu zeigen beginnt; wenn das
Übel, das mindert oder wegrafft,
mich von außen überfällt oder
in mir entsteht;
im schmerzlichen Augenblick,
wo es mir plötzlich zum Bewusst-
sein kommt, daß ich krank bin
und alt werde; besonders in
jenem letzten Augenblick, wo ich
fühle daß ich mir selbst entfliehe,
ganz ohnmächtig in den Händen
der großen unbekannten Mächte,
die mich gebildet haben;
in all diesen düsteren Stunden,
laß mich Herr verstehen, daß
Du es bist Der – sofern mein
Glaube groß genug ist – unter
Schmerzen die Fasern meines Seins
zur Seite schiebt, um bis zum
Mark meines Wesens einzudringen
und mich in Dich hineinzuziehen.

„Gebet um einen guten Tod; handgeschrieben von unserer Mutter“

tiert, kann noch einmal etwas ganz anderes stecken, das durchaus eine Verheißung der Zukunft in sich trägt.

Wenn Sie heute vor den hl. Ignatius treten

Pater Rahner, Sie haben oft an Exerzitien teilgenommen und auch selbst welche gegeben.

Es steht nicht von vornherein fest, daß die ignatianischen Exerzitien für jeden gut sind, aber viele sollten sie vielleicht einmal machen. Soll einer ruhig acht Tage – Ignatius hat gemeint: vier Wochen – sich selber allein aushalten und versuchen, mit Gott zu reden und zu merken, was Gott über ihn verfügt. Daß alles noch einmal durch die eigene Geschichte, durch die eigenen Gene, durch zufällige Erfahrung, durch Begegnung mit bestimmten Menschen beeinflußt ist, ändert nichts an der Tatsache, daß eine große Entscheidung über das Leben gewagt werden soll. Zu einer solchen Entscheidung kann einer, der es richtig macht, unter Umständen durch Exerzitien kommen. Schon die ersten Gefährten des Ignatius machten die Beobachtung, daß manchmal am Ende von Exerzitien nichts herausgekommen zu sein scheint, doch plötzlich, nach den Exerzitien, die Einmaligkeit eines Entschlusses da ist.
Heute ist so eine Entscheidung von viel mehr Fragen, von viel mehr Unsicherheiten begleitet, schon weil die Menschen länger leben, weil sie mehr als früher vielen veränderlichen Eindrücken von außen ausgesetzt sind. Wenn man früher heiratete, wußte man sicher, daß man mit diesem Partner bis zum seligen Ende des einen oder anderen zusammenleben würde. Das ist kein so großes Problem, wenn die Menschen mit dreißig oder vierzig Jahren sterben. Heute denkt der junge Mensch: Wer weiß, was mit mir ist, wenn ich fünfzig bin? So trauen sich viele nicht mehr zu heiraten, oder meinen, sie hätten das Recht, wieder auseinanderzugehen. Eine ähnliche Angst, sich festzulegen, gibt es auch gegenüber dem Orden. Austreten und wiederkommen – früher hätte man gesagt: Du spinnst, das können wir nicht brauchen. Ignatius hat das auch

verboten. Heute ist man da oft anderer Meinung. Doch wenn man selbstkritisch ist und sich von seinem Leben keine goldenen Berge verspricht, sondern mit Enttäuschungen rechnet, mit Langeweile, mit einem Zusammenleben mit Leuten, die einem vielleicht auf die Nerven gehen, und wenn man seine eigenen existentiellen und pseudoexistentiellen Schmerzen und Nöte nicht narzißtisch überschätzt, kann man auch heute ganz nüchtern und vernünftig im Orden leben.

Wenn Sie heute nach über sechzig Jahren Ordensleben Ignatius gegenübertreten würden, was würden Sie sagen?

Ich würde ihm sagen, du warst ein toller Kerl, und ich hoffe, daß ich ein ganz kleines bißchen von dir verstanden habe und mitbringe. Im übrigen warst du natürlich ein Mensch, von dem ich vieles auch nicht verstehe.
Ignatius war ein absoluter Realist, etwa wenn er sagt, daß ihm alle Knochen im Leib zitterten, als Paul IV. zum Papst gewählt wurde. Er wußte ja, was dieser Feind der Spanier ihm gegenüber für Gefühle hatte. Er hat ihm ja dann auch die Polizei ins Haus geschickt. Oder vor seiner Wahl zum ersten General meinte er, man solle einen anderen wählen. Dann aber wollten seine Gefährten ihn, und er sagte: Ich frage meinen Beichtvater, bekenne ihm alle meine Sünden – vielleicht hatte er uneheliche Kinder oder ähnliche Geschichten aus seiner Militärzeit – und was der Beichtvater mir dann sagt, das mache ich, selbst wenn der Papst anderer Meinung ist. – In Ignatius passen so viele Sachen zusammen, von denen wir schnell meinen, sie würden sich gegenseitig ausschließen. Insofern ist er eben ein grandioser Mann gewesen. Was ich ihn in der „Rede des Ignatius an einen Jesuiten von heute" sagen ließ, würde ich – wenn man so pathetisch reden darf – mein spirituelles Testament nennen.

Was bedeutet Ignatius für Ihr persönliches Leben?

Für mein Leben? Ich weiß nicht, was mit meinem Leben ist. Ich habe kein Leben geführt, ich habe gearbeitet, geschrieben, doziert, meine Pflicht zu tun und mein Brot zu verdienen versucht, ich habe in dieser üblichen Banalität versucht, Gott zu dienen, fertig.

Gott bleibt der immer größere

Geistliches Testament – Rede des Ignatius

Es wird immer wieder Menschen geben . . ., die im Blick auf Jesus den Gekreuzigten und Auferstandenen es wagen, sich an allen Götzen dieser Welt vorbei auf die Unbegreiflichkeit Gottes als Liebe und Erbarmen bedingungslos einzulassen. Es wird immer Menschen geben, die in diesem Glauben an Gott und Jesus Christus sich zur Kirche zusammentun, sie bilden, sie tragen und sie – aushalten, sie, die nun einmal eine auch geschichtlich greifbare, institutionelle Größe ist und für mich am konkretesten (und so am härtesten und bittersten) in der römisch-katholischen Kirche gegeben ist.
Wenn es immer solche Menschen geben wird, dann werde ich ja immer (so anmaßend es klingen mag) eine Sendung an alle Menschen haben. Denn ich wollte ja nur den Menschen helfen, dies zu verstehen und zu ergreifen, was ich eben sagte. Ich wollte eigentlich im letzten kein Sonderprogramm und keine Christlichkeit und Spiritualität von einer besonderen Art, auch wenn ich natürlich weiß, daß jeder Mensch das für alle Gültige unvermeidlich nur in seiner Weise weitergeben kann und darum doch nicht alle erreicht oder sich gewissermaßen selber in seiner Eigenart auslöscht, wenn er von dem ewigen Gott und seinem Christus zu künden wagt. So ist schließlich auch die Frage nach einer künftigen Wirkungsgeschichte meines Lebens und meiner Lehre gleichgültig. Der schweigende Untergang könnte die größte Tat sein, so oder so bleibt Gott der immer größere. Er sei gebenedeit.
Ich habe viel und vielerlei gesagt. Und doch vieles vergessen und ungesagt gelassen, was du oder ein anderer von mir zu hören wünschte. Ich will nicht einmal mehr die Themen nennen, über die ebenso gut etwas hätte gesagt werden können wie über die Dinge, von denen ich geredet habe. Aber das Ende wäre so oder so das Schweigen, in dem der ewige Lobgesang Gottes geschieht.

Aus: Ignatius von Loyola. Mit einem Essay von Karl Rahner, Freiburg 1978, S. 38. Herder.

HERMANN KARDINAL VOLK

„Ich mußte Dich auf dem Rücken in das Auditorium tragen“

Der Bischof schreibt dem Freund

Lieber Karl!

Du vollendest Dein 80. Lebensjahr. Dazu beglückwünsche ich Dich von ganzem Herzen, daß Du dieses hohe Alter erreicht hast. Freilich, Deine Mutter ist noch sehr viel älter geworden. Vielmehr aber als zu Deinem hohen Alter – ich bin ja auch gerade 80 geworden – beglückwünsche ich Dich zu dem fast unübersehbar reichen Gehalt, welchen Du den Jahrzehnten Deines Lebens gegeben hast. Davon geben Zeugnis nicht nur die vielen Bände Deiner gesammelten Schriften – wer weiß, ob der letzte Band der letzte ist –, sondern auch die vielen Schriften, welche unmittelbar dem geistlichen Leben dienen und die in vielen Auflagen erschienen sind. Nicht zuletzt denke ich an Deine Tätigkeit als Professor der Dogmatik in Vorlesungen und Vorträgen. Dies alles hat Dich zu einem der wirksamsten Theologen der Gegenwart gemacht. Das wäre in dieser Intensität nicht möglich gewesen, wenn Du nicht wachen Geistes und wachen Herzens die Fragen der Zeit in Theologie und Glauben schon frühzeitig mit durchdringendem Verstand und persönlichem Engagement aufgenommen hättest. Dafür gebührt Dir der herzliche Dank von mehr als einer Generation.
Mit größtem Interesse und mit persönlichem Gewinn habe ich Deine Tätigkeit verfolgt. Ich hatte ja nicht nur dasselbe Fach zu vertreten, wir sind auch sehr bald in persönlichen Kontakt gekommen. Schon früh hatte ich Dich zu zwei Vor-

trägen nach Münster eingeladen. Du besuchtest auch den Bischof; bei der Verabschiedung von dem Bischof stolpertest Du auf den untersten Stufen der Treppe. Deinen Vortrag begannst Du dann so: „Ich war bei dem Bischof und bin die Treppe hinuntergefallen. Hoffentlich ist das kein Omen." Es war kein Omen. Zu Deinem zweiten Vortrag mußte ich Dich allerdings auf dem Rücken in das übervolle Auditorium maximum tragen; du konntest nicht mehr auf diesen Fuß treten. Lange waren wir dann in der Glaubenskommission der Deutschen Bischofskonferenz und in dem kontroverstheologischen Jaeger-Stählin-Kreis zusammen. Du bist dort vor Jahren ausgeschieden; aber die Frage hat Dich nicht losgelassen. Mich auch nicht.

Die intensivste Begegnung und Zusammenarbeit brachte dann das Konzil. Als Berater war ich schon an der Vorbereitung in dem Sekretariat „ad unitatem christianorum fovendam" beteiligt. Mit Beginn des Konzils waren wir gleich zusammen in der commissio doctrinalis; ich als membrum, aber durch Zufall, weil ein gewähltes Mitglied gestorben war, Du von vornherein als Berater. Die deutsche dogmatische Theologie war unter den Beratern sehr gut vertreten durch vier gewichtige Theologen: Rahner, Semmelroth, der mein persönlicher Berater war, durch Grillmeier und Ratzinger. In dieser Kommission war man in der ganzen Konzilszeit sehr beansprucht, gegen Ende immer mehr, buchstäblich bis zum letzten Tag, weil mehrere Texte in dieser Kommission bearbeitet werden und bis zur Schlußabstimmung reifen mußten. Dies taten sie nicht von selbst, es erforderte intensive Arbeit. Oft trafen wir uns vor den Kommissionssitzungen am Nachmittag, und oft genug gingen wir schweren Herzens die vielen Stufen zum Damasushof hinauf – ich glaube, es sind 72. Schwer waren diese Gänge oft vor allem nicht wegen der Frage, wie man die anderen überzeugen könnte, daß man recht hat; schwerer waren sie wegen der Frage, ob man selbst recht hat. Aber gerade dazu haben die vielen Gespräche unter uns sehr geholfen. Ich erinnere mich gut, daß wir den Abschluß dieses Konzils froh auf der Piazza Navona feierten.

Nun warst Du bis zu Deiner Emeritierung als Professor für Dogmatik und bist bis heute in gleichem Sinn unermüdlich tätig; ich wurde 1962 Bischof und war es bis zum Beginn mei-

Im Professorenkollegium, Ehrendoktor der Universität Löwen, 1972

70. Geburtstag mit Kardinal Julius Döpfner und Kardinal Hermann Volk

nes 80. Lebensjahres Ende 1982. Es geht auch Dich als Theologieprofessor etwas an, was diese Änderung für mich bedeutete und bedeutet. Diese tiefgreifende Änderung war ein Abbrechen der schönen Tätigkeit an der Universität, aber sie war kein Bruch. Ein Abbrechen, weil ich nicht versucht habe, die akademische Lehrtätigkeit noch, wenn auch in kleinstem Umfang, beizubehalten. Insofern hat sich bestätigt, die Mitra sei das Löschhorn der Wissenschaft, wie ich oft zu hören bekam. Einen Bruch aber bedeutete das Bischofsamt nicht, und zwar nicht nur, weil ich gleich in das theologisch anspruchsvolle Geschehen des Konzils mitverantwortlich hineingestürzt wurde, sondern weil die Predigt nicht nur die Hauptaufgabe des Bischofs sein soll, sondern auch tatsächlich ist; ich hatte sehr oft zu predigen. Selbst kann ich es kaum beurteilen, wie sehr meine frühere Lehrtätigkeit das Predigen beeinflußt hat; hoffentlich habe ich nicht doziert statt zu predigen. Für mich selbst hatte die frühere Dozentur freilich höchste Bedeutung; denn ich habe den Eindruck, daß sie mir geholfen hat, unsere Botschaft einfach und immer wieder neu, nicht formelhaft, zu verkündigen. Meine Veröffentlichungen sind daher meist erweiterte Referate oder Predigten. Du dagegen greifst bis zur Stunde in die wissenschaftliche Diskussion ein, freilich besonders da, wo sie die akuten Fragen und Probleme betrifft. So bist Du vielen suchenden und fragenden Menschen ein erhellendes Licht und ein Zeuge für die Glaubwürdigkeit des Glaubens heute geworden. Dafür auch meinen ganz herzlichen Dank.

Wie es Dir geht, weiß ich nicht. Ich mache mir um meine Zukunft, abgesehen von Gottes Gericht, weniger Sorgen als um meine Vergangenheit. Habe ich im Konzil, in der Synode und die 20 Jahre im Bistum meine Schuldigkeit getan? So habe ich mehr Last mit mir als mit anderen. Diese Last ist mir ja auch abgenommen; die andere kann mir keiner abnehmen. Jedoch können wir einander gedenken.

Von Herzen wünsche ich Dir noch viele gute Jahre, und ich grüße Dich herzlichst.

Dein

WOLFHART PANNENBERG

Befreiung zur Unbefangenheit des Denkens

Eine evangelische Laudatio

Der christliche Glaube bildet eine der stärksten Wurzeln unseres kulturellen Erbes und unserer Auffassungen vom Menschen. Darum kann theologisches Denken weit über die Grenzen einer einzelnen Kirche oder Konfession hinaus bedeutsam sein. Zum Erlebnis wird das für ein Zeitalter immer nur an wenigen Theologengestalten. Und es ist kein Zufall, daß ungezählte Menschen gerade aus Karl Rahners Denken eine Erfahrung von dieser allgemeinen Tragweite christlicher Theologie gewonnen haben. Das ist ein erstes Kennzeichen seines Werkes: So sehr er ganz und gar und ohne Abstriche katholischer Theologe – römisch-katholischer Theologe – ist, so sehr zielt Rahners Denken in jeder noch so speziellen Frage, die er behandelt, auf das allgemein Menschliche. Er läßt das Christliche transparent werden für das allgemein Menschliche.

Das Geheimnis der Anziehungskraft

Dazu gehört, wie in Karl Rahners Denken Theologie mit Philosophie nicht nur verbunden, sondern durchdrungen ist: durchdrungen von einem Philosophieren, von dem er gern ironisch sagt, es sei keine Fachphilosophie. Es ist ein Philosophieren, bei dem es immer um zentrale Lebensfragen des

Menschen geht, um Fragen, die nicht nur durchdacht, sondern zuvor durchlebt worden sind. Das gehört wohl zum Geheimnis der großen Anziehungskraft, die seit vielen Jahren von Rahners Auftreten als Redner ausgeht: Trotz der Schwierigkeit der Diktion und der Vielschichtigkeit der Gedankenführung spüren die Menschen, die oft zu Tausenden in Rahners Vorträge geströmt sind, wohl irgendwie, daß es in seinen Ausführungen stets um eine bestimmte Seite des Menschseins schlechthin und darum auch um die Lebensthematik eines jeden unter den Zuhörern geht.

Indem Karl Rahner das Christliche transparent werden läßt für das allgemein Menschliche und umgekehrt alles Menschliche in Christus aufgenommen und vollendet sein läßt, ist sein Denken in einem wahren und umfassenden Sinne katholisch – universal, so daß sich auch noch der Protestant darin wiederfinden kann. Und so möge es denn erlaubt sein, die Eigenart von Karl Rahners theologischem Denken einmal so zu beschreiben, wie es sich aus einer protestantischen Perspektive darstellt.

An erster Stelle muß ich dabei die Befreiung zur Unbefangenheit theologischen Fragens und Denkens nennen, und ich denke dabei auch zurück an meine erste persönliche Begegnung mit Karl Rahners Theologie. Vor über zwanzig Jahren hielt er in dem ökumenischen Arbeitskreis katholischer und evangelischer Theologen, dem nach seinen beiden ersten Vorsitzenden sogenannten Jaeger-Stählin-Kreis, einen Vortrag über die Gegenwart Christi im Sakrament des Herrenmahles, der dann im vierten Band seiner Schriften zur Theologie erschienen ist. Ich betrachtete damals katholische dogmatische Theologie als eine durch die Dogmen so vieler Konzilien in ihrer Bewegungsfreiheit stark eingeengte Form theologischen Denkens. Viele, vor allem Außenstehende, werden das damals so angesehen haben, in der Zeit vor dem Zweiten Vatikanischen Konzil, an das damals noch niemand dachte, und besonders in den Jahren nach dem Mariendogma Pius' XII., das – wie es schien – in einem Bereich vorher freier theologischer Diskussion nochmals eine neue Schranke aufgerichtet hatte. Da sprach Rahner nun über das Dogma von der Wandlung im Altarsakrament, über die Transsubstantiation von Brot und Wein in Leib und Blut Christi. Und er unterschied zwischen dem eigentlich gemeinten *Inhalt* des Dogmas und der zeitbedingten Sprache aristotelischer Philosophie, in die es gefaßt ist, mit ihren Begriffen Substanz und Akzidenz. Diese zeitbedingte Begriffssprache sei durch das Dogma nicht verbindlich gemacht, und daher müsse die Theologie immer wieder neu zu sagen versuchen, was eigentlich das in dieser Begrifflichkeit Gemeinte sei, das allein den verbindlichen Inhalt der Lehre der Kirche bilde.

Die Freiheit der katholischen Theologie

Bei diesen Ausführungen wurde mir blitzartig klar, welche Freiheit und daher auch Verantwortung eigenen Denkens katholische Theologie unbeschadet ihrer Bindung an die Dogmen der Kirche haben kann, wenn der Inhalt der Dogmen für die Theologie nicht einfach in autoritativer Formulierung vorgegeben ist, sondern von der Theologie selbst erst identifiziert werden muß in Abhebung von der zeitbedingten Sprache, in der das Lehramt der Kirche diesen Inhalt ausgesagt hat. Was ist mit dem Dogma der Transsubstantiation eigentlich gemeint, wenn weder das Wort „Substanz" noch auch das Wort „Akzidenz" zum autoritativen Inhalt des Dogmas selbst gehört? Das ist gar nicht so leicht zu sagen. Aber die Unterscheidung zwischen zeitbedingter Sprachgestalt und Sachgehalt des Dogmas ermöglicht dann auch über die Gegensätze der Konfessionen und ihrer Abgrenzungsformeln hinweg die Verständigung darüber, daß es eigentlich um etwas so Elementares wie die wirkliche Gegenwart Christi in Brot und Wein geht. Die Unterscheidung zwischen dem Sachgehalt der Dogmen und ihrer historisch bedingten Sprachform ist später auch von Papst Johannes ausgesprochen worden und ist heute weithin anerkannt. Aber im Jahre 1957 war das ein revolutionär klingender Grundsatz, der die Verkrustungen der Theologie sprengte, die sich unter dem Einfluß der Neuscholastik gebildet hatten. Auf dieser Linie lag es dann auch, daß das Zweite Vatikanische Konzil, an dessen Dokumenten Pater Rahner bedeutsamerweise als Berater

mitgewirkt hat, sich weitgehend von der traditionellen Sprache der Schultheologie frei zu machen vermochte.
Was ich am Beispiel des Vortrags über die Gegenwart Christi im Herrenmahl beschrieb, hat Rahner methodisch durchgängig auf die Behandlung dogmatischer Themen angewendet. Dabei konnte er immer wieder zeigen, wie wenig im Grunde mit den Aussagen der Schultheologie über die großen Themen der Christologie, der Gotteslehre, der Lehre von der Kirche gesagt ist, wie wenig durch dogmatische Definitionen wirklich festgelegt, wie bedrängend groß die Vielfalt der offenen Probleme ist, wo es um das Verständnis des Glaubens der Kirche geht. Das ist, was ich die Befreiung des theologischen Denkens zu einer neuen Unbefangenheit nenne.

Beim Menschen beginnen

Damit stellte sich dann zweitens die Aufgabe, den Inhalt des christlichen Glaubens ganz neu zu beschreiben und zusammenfassend darzustellen. Karl Rahner hat lange Zeit gezögert, eine Gesamtdarstellung seiner Interpretation des christlichen Glaubens zu veröffentlichen. Statt dessen hat er in immer neuen Anläufen von Einzelfragen her den Bezug zum Ganzen der christlichen Lehre aufgewiesen. Erst 1976 hat Rahner mit seinem „Grundkurs des Glaubens" so etwas wie eine Summe seines theologischen Lebenswerkes publiziert, das Gegenstück zu der religionsphilosophischen Grundlegung „Hörer des Wortes", die dreieinhalb Jahrzehnte zuvor erschienen war. Aber alle in der Zwischenzeit veröffentlichten Einzelstudien bildeten gleichsam Bausteine zur Durchführung des schon in seiner Religionsphilosophie angelegten großen Entwurfes einer Deutung des christlichen Glaubens in Konzentration auf den Menschen und auf sein Verhältnis zu Gott, wie es in Jesus Christus seine geschichtlich einmalige Vollendung erfahren hat. Das ist die schon eingangs erwähnte Konzentration der Theologie auf den Menschen – ein alter und doch bei Karl Rahner ganz neu durchgeführter Grundgedanke christlicher Theologie.
Es ist ja auch das große Thema evangelischer Theologie seit

Im Gespräch mit dem Philosophen Ernst Bloch, 1964

Mit Erzbischof Augustin Meyer OSB

der Aufklärung gewesen, die Theologie von der Frage nach dem Menschen und nach dem Stellenwert der Religion für das Menschsein her neu zu begründen. Nur auf diese Weise ließ sich nach dem Zeitalter konfessioneller Kriege und im Rahmen der darauf folgenden Erneuerung der öffentlichen Kultur aus der Besinnung auf das gemeinsam Menschliche unter Absehung von den konfessionellen Streitigkeiten der Anspruch des christlichen Glaubens auf allgemeine, für alle verpflichtende Wahrheit vertreten. Darum hat die evangelische Theologie der Moderne vom englischen Deismus und Schleiermacher bis zu Bultmann und Tillich den christlichen Glauben an die Einheit von Gott und Mensch in Jesus Christus unter dem Gesichtspunkt des Beitrags der Religion und des Christentums zum Menschsein des Menschen entfaltet. Karl Rahner hat in seinem Werk diese ganze moderne Entwicklung einer Konzentration auf den Menschen für die katholische Theologie fruchtbar gemacht. Und dennoch hat er sich bei diesem Bemühen nicht in Gegensatz zur Lehre der Kirche bringen lassen, wie das in der evangelischen Theologie ja immer wieder geschehen ist. Er hat statt dessen die überlieferte Lehre der Kirche *interpretiert.* Interpretation schließt freilich immer auch Kritik ein, aber solche Kritik wird nicht destruktiv, weil sie immer dem Maßstab des Gegenstandes, dem die Auslegung gilt, unterstellt bleibt. Auch mir scheint solche Auslegung des Glaubens der Kirche die höchste Aufgabe des Theologen zu sein. Die Inhalte der kirchlichen Lehrüberlieferung vorzeitig zu verabschieden, das können wir anderen überlassen. Aber wer kümmert sich um die in der Lehre der Kirche enthaltene Wahrheit, wenn es die Theologen nicht tun? Wie das zugleich in unbefangener geistiger Freiheit geschehen kann, das wird man noch lange von Karl Rahner lernen können.

Ein einziges Wort

Theologische Auslegung der kirchlichen Lehre bedeutet Besinnung auf den wesentlichen Inhalt des christlichen Glaubens, und dieser Inhalt läßt sich durch ein einziges Wort benennen: Gott. In einer Zeit, in der auch Theologen das Wort ,,Gott" als veraltet beurteilt haben oder gar von einer ,,Theologie nach dem Tode Gottes" sprachen, hat Karl Rahner sich um die Leuchtkraft dieses Wortes bemüht oder vielmehr darum, daß man die ihm eigene Leuchtkraft wieder besser wahrnimmt. Darin besteht vielleicht – es ist mein dritter Punkt – das größte Verdienst seines theologischen und philosophischen Denkens, der größte Dienst auch, den er als Theologe unserer öffentlichen Kultur leisten konnte. In seiner Meditation über das Wort ,,Gott" im ,,Grundkurs des Glaubens" spricht Rahner einmal davon, was es bedeuten würde, wenn dieses Wort aus unserer Welt verschwände. Und er antwortet: ,,Dann ist der Mensch nicht mehr vor das eine Ganze der Wirklichkeit als solcher und nicht mehr vor das eine Ganze seines Daseins als solchen gebracht. Denn eben dies tut das Wort ,Gott' und nur es . . ." (57). ,,Es kommt aus jenen Ursprüngen, aus denen der Mensch selbst herkommt; man kann sein Ende nur mit dem Tod des Menschen als solchen zusammendenken; es kann noch eine Geschichte haben, deren Gestaltwandel wir uns nicht im voraus denken können, gerade weil es selbst die unverfügbare, ungeplante Zukunft offenhält. Es ist die Öffnung in das unbegreifliche Geheimnis" (60), in das Geheimnis, das unser Leben von allen Seiten rings umgibt. Der Begriff ,,Gott" ist darum ,,nicht ein Eingreifen Gottes, durch das der Mensch sich des Geheimnisses bemächtigt, sondern ein Sich-ergreifen-Lassen von einem anwesenden und sich immer entziehenden Geheimnis" (63). Daß sich darin dieses Geheimnis uns Menschen schon immer zugesagt hat, auch über unsere eigene Vergänglichkeit hinaus, das lernen wir freilich erst durch Jesus Christus; aber was die Offenbarung Christi uns eröffnet, das ist nichts anderes als die heilbringende Zuwendung, mit der uns das göttliche Geheimnis immer schon begegnet, das unser Leben von der Schöpfung her umfängt.

Karl Rahner hat seine Aussagen zu diesem Thema nicht umsonst als ,,Meditation" bezeichnet. Sie lassen etwas von der spirituellen Tiefenschicht seines Denkens erkennen, die ja auch in einer Reihe von eigenen Veröffentlichungen, Gebeten und Meditationen, zu Worte gekommen ist. Es ist wohl dem Quellgrund dieser Spiritualität zuzuschreiben, daß Rahners

Ausführungen auch in hochabstrakten und diffizilen Gedankengängen oft etwas ganz Schlichtes und unmittelbar Ansprechendes haben können.

Ökumenische Weite

Die Konzentration auf den wesentlichen Inhalt des christlichen Glaubens – ich komme zu meinem vierten und letzten Punkt – hat auch die ökumenische Weite ermöglicht, die Rahners Denken in zunehmendem Maße charakterisiert. Sie kam schon zum Ausdruck in seiner Neuformulierung des Begriffs der Sakramente als Darstellungsformen des einen Mysteriums der Kirche. Dieser kühne Gedanke hat wesentlich dazu beigetragen, den Streit um die Zahl der Sakramente zu entschärfen. Hinter den besonderen Sakramenten ist dadurch das Mysterium der Kirche selber in ihrer Einheit mit Christus wieder deutlicher in den Blick gekommen, so daß auch für die evangelische Theologie die sakramentale Frömmigkeit der katholischen Kirche nicht mehr so leichthin unter Berufung auf Christus abzuweisen ist.

Auf derselben Linie bewegen sich Rahners Überlegungen zu der heute im Gespräch zwischen den Konfessionen besonders aktuellen und schwierigen Frage des kirchlichen Amtes und der katholischen Beurteilung der Ämter in den protestantischen Kirchen, die Rahner 1974 unter dem Titel „Vorfragen eines ökumenischen Amtsverständnisses" publiziert hat.

In dieser Untersuchung hat Pater Rahner vom „Grundwesen" der Kirche her die getrennten Konfessionen als schon auf dem Wege zur Einheit befindlich dargestellt. Er hat vom einigenden Wirken des einen Geistes auf dem Wege der noch getrennten Kirchen zur Einheit gesprochen, und er hat sich von dieser Erkenntnis der Gegenwart des Geistes Christi in den noch getrennten Kirchen aus zu weitreichenden Schlußfolgerungen über das jetzt schon mögliche Maß gegenseitiger Anerkennung im Hinblick auf das gottesdienstliche Leben und auch auf die Ämter der getrennten Kirchen führen lassen.

Die kirchenamtliche Wirklichkeit unserer Tage ist auf beiden Seiten noch weit zurück hinter den wegweisenden Einsichten, die Rahner in dieser Schrift und dann wieder 1983 in dem gemeinsam mit H. Fries veröffentlichten Band „Einigung der Kirchen – reale Möglichkeit" formuliert hat. Es wird auf beiden Seiten noch zu wenig wahrgenommen, was theologisch schon heute möglich ist. Aber dazu würde, wie Rahner 1972 in seinem Buch über „Strukturwandel der Kirche als Aufgabe und Chance" gesagt hat, die „Bereitschaft" gehören, „den Geist in der Kirche frei walten zu lassen, wo immer man nur mit einiger Deutlichkeit ihn am Werke erkennen kann" (56). Gegenüber der Ängstlichkeit, die auf einer Bereinigung aller kontroverstheologischen Fragen als Vorbedingung institutioneller Einigung insistiert, hat Rahner es gewagt, die Frage zu stellen, ob man nicht vielleicht auch umgekehrt vorgehen könne. „Kann man nicht die volle glaubensmäßige und theologische Einheit als eine Folge einer institutionellen Einigung betrachten?" (112), zumal eine solche Einheit immer nur als plurale Gemeinschaft von Kirchen ohne Uniformität realisierbar ist? Die entwaffnende und für manchen gewiß schokkierende Unbefangenheit einer solchen Frage – und eines solchen „Vorschlags", wie Rahner selber das nennt (111) – scheint mir ein Beispiel für die geistige Freiheit zu sein, zu der das Vertrauen auf die Gegenwart und das Wirken des Heiligen Geistes befreit.
Die Einheit der Kirche nennt Rahner „ein verpflichtendes Ziel aller Christen . . ., das man nicht einfach bequem auf den Jüngsten Tag vertagen darf" (111), und er betont, daß die Initiative dazu heute „von den Theologen auf die Amtsträger übergehen" müsse (114), ihnen ist ja die Sorge für die Einheit der Kirche Christi in besonderer Weise anvertraut. Katholische und evangelische Christen glauben gemeinsam, daß den Amtsträgern der Kirche der Geist Gottes in besonderer Weise verliehen wird, um sie für ihre Amtsführung zu stärken. So dürfen wir wohl auch gemeinsam hoffen, daß das Vertrauen auf das Wirken des Geistes in der Christenheit uns alle von der Angst um die Bewahrung der eigenen Besonderheit befreit. Dabei bedürfen wir alle der Ermunterung zu solchem Vertrauen und zu solcher Freiheit des Geistes, für die Karl Rahner ein Beispiel gegeben hat – ein Zeichen der Hoffnung

nicht nur für die Christen in den heute noch getrennten Kirchen, sondern auch für die europäische Kultur, die durch die Spaltung der Christenheit für Jahrhunderte zerrissen wurde und für die die Einigung der Kirchen den Beginn einer Neugeburt bedeuten könnte.

GEORG SPORSCHILL SJ

Fragen in Treue

Hoffnungen der Jugend

Wenn Karl Rahner heute einen Vortrag hält, ist auch der letzte Platz besetzt. Die meisten Hörer sind Studenten, junge Leute, die als fortschrittlich und offen gelten. Warum kommen die Jungen zu diesem Alten? Warum wird dieser Alte von manchem kirchlichen Amt und mancher Amtsperson häufiger und schärfer kritisiert als die Jungen? Ja, der Alte überholt sogar die Jungen. Er ist es, der beunruhigt, provoziert, außer Atem bringt.

Karl Rahner ist 80 Jahre alt. Er ist ein Leben lang den Weg des Fragens gegangen. Er hat sich immer zur Kirche, zum Orden und zur Tradition bekannt. Aus dieser unverdächtigen, radikalen und selbstverständlichen Treue konnte er immer mit einer gewissen Leichtigkeit alle Fragen aussprechen, die sich dem Menschen heute stellen. Er hat Fragen gestellt, ist aber nie illoyal geworden. Er hat Fragen gestellt und wurde dadurch von beiden Seiten ernstgenommen. Er ist eine Hoffnung für die Jugend, weil er sich zwar nie mit ihren manchmal vorschnellen Antworten zufriedengibt, wohl aber ihr Anliegen und ihre Fragen ernst nimmt, weil er in sich die Spannung zwischen der Tradition einerseits und dem Suchen, den neuen Versuchen anderseits aushält, ausspricht und weiterführt. Er ist zu einem Wegbereiter der Zukunft von Kirche und Theologie geworden, weil er ein Leben lang die Tradition studiert und mit Respekt und Ehrfurcht verarbeitet hat, dabei aber immer grenzenlos neugierig war für kleine und große Fragen, kleine und große Erscheinungen dieser modernen Welt. Auf seinem Schreibtisch steht die Heilige Schrift und der von ihm neu herausgegebene Denzinger neben den Zukunftsprognosen „Global 2000". Der „Spiegel" liegt neben theologischen Zeitschriften und Jugendmagazinen. Die Zehngangschaltung eines Fahrrades, mit dem ein Bub vorbeigekommen ist, kann sein Interesse genauso fesseln wie die Auseinandersetzung um Fragen der Trinität.

Eine ungemütliche Position

Aus seinem Weg der Ehrfurcht und des Fragens, aus seinem Weg der Offenheit und Treue hat sich eine Lebenshaltung ergeben, die vielen Menschen heute Hoffnung schenkt. Er schenkt Hoffnung auch jenen, die ihre eigenen Lebensfragen nicht endgültig lösen konnten, die vielleicht auf Grund eines schweren Schicksals als gescheitert gelten, die wegen äußerlich gegensätzlicher Entscheidungen oder Veränderungen in der Kirche keinen Platz haben können. Er konnte ihnen treu bleiben und Freund sein, ohne von irgend jemandem, nicht einmal von seinen Gegnern, je als Verräter angesehen zu werden. Karl Rahner hat die Fragen der modernen Welt aufgenommen und angenommen. Gerade weil er dabei auf endgültige Antworten verzichtet hat, konnte er ihr Optimismus und Zuversicht schenken. Dies war und ist eine ungemütliche Position. Karl Rahner hat diese Spannung immer angenommen und in sich getragen. Er hat sie sich zur Aufgabe gemacht. Zum 75. Geburtstag wurde Pater Rahner von Johannes Paul II. in Privataudienz empfangen. Wie gewohnt, trug er Anzug und Krawatte. Nie ist ein Photo von diesem Besuch erschienen, wie es bei früheren Begegnungen mit Päpsten, damals noch im Talar, üblich war. So ist er bis hinein in Fragen der Kleidung zu seiner Entwicklung gestanden. Er war in der Kirche angefeindet, hatte Schreibverbot, hatte Probleme mit Rom. Trotzdem ist er der Theologe, der den Geist des Konzils wesentlich mitbestimmte. Eine ähnliche Rolle hat er vielleicht auch in der Gesellschaft Jesu zu tragen. Er hat sich immer den Freiraum für sein theologisches Arbeiten, für seine kirchlichen Stellungnahmen, für seine persönlichen Stellungnahmen für Schüler erkämpft, bis hin zum Ungehorsam, wie sein Ordensvorbild Friedrich von Spee, der dadurch den Hexenverbrennungen im Namen des Christentums ein Ende machen konnte. Auf der anderen Seite hat er bei der Anzeige seines Umzugs von München nach Innsbruck auf die Formulierung „mit Erlaubnis meiner Oberen" Wert gelegt, eine Formulierung, die ihm bis hinein in Kleinigkeiten wichtig ist. Das zeigt eine Haltung, die in positiver Spannung steht zu seiner großen geistigen und inneren Freiheit. In der Bindung an den Orden konnte er sie gewinnen.

Die Großen und die Kleinen

Karl Rahner betreute zeit seines Lebens in Stille und ohne daß jemand davon wußte arme Leute, kaufte für sie ein, zweigte während des Zweiten Weltkriegs in der Kommunität Semmeln für sie ab. Bis zu ihrem Tod hat er Kranken einfache Dienste getan und konnte deswegen Termine berühmter Professoren nicht annehmen oder Besuche aus anderen Kontinenten nicht empfangen. Für manchen Verleger und Publizisten hatte er keine Zeit mehr, weil ein afrikanischer Student, der sich nur mühsam verständlich machen konnte, stundenlang bei ihm saß und sich von ihm einfache Dinge erklären ließ. Ich weiß auch, daß er einer Psychologiestudentin selber die Diplomarbeit getippt hat, um ihr über ihre „Ladehemmung", wie er es ausdrückte, hinwegzuhelfen. Mit der gleichen Bereitschaft zum konkreten Dienst im kleinen half er dem ENTSCHLUSS, der einmal weniger als 1500 Bezieher hatte. Ich ging damals zu Pater Rahner und bat ihn um einen Artikel, allerdings auch mit der selbstkritischen Frage, ob es sich lohne, eine solche Zeitschrift am Leben zu erhalten. Er hat geantwortet: „Also fangen wir an zu arbeiten." Das war vor sechs Jahren, und er half seither bei jedem Heft, um daraus den heutigen ENTSCHLUSS zu machen.

Bürger und Tätowierte

In den letzten zwei Jahren war Pater Rahner öfter in Wien und hat immer bei uns im Jugendhaus der Caritas gewohnt. Vorbehaltlos, eher neugierig, hat er die jungen Männer in diesem Haus kennengelernt und ist auf sie zugegangen. Bei einem hat er die Tätowierungen auf der Hand genau studiert und sich gefreut, weil da stand: „Glaube, Hoffnung, Liebe". Seither fragt er mich immer, wie es dem Hansi geht, dem, der sich in dreizehn Jahren Gefängnis von den Fingernägeln bis zur Achsel tätowiert hat. Ein anderer, den wir „Habicht" nannten, hat ihm einen unbeholfenen Brief mit unzähligen Fehlern geschrieben, nachdem ich ihm die Adresse gegeben hatte. Selbstverständlich hat er in derselben Woche von Pater Rahner eine liebevolle Antwort bekommen; als der „Habicht" wieder vom bürgerlichen Leben Abschied nahm und plötzlich verschwunden war, schickte er mir einen Brief für Pater Rahner, den ich ihm weiterleiten sollte. Darin bat er um Verständnis, daß er jetzt wieder die Freiheit brauche. Mit uns, dieser bunten Mannschaft, hat Pater Rahner in Wien gelebt und einmal in der Kapelle gesagt: „Wer weiß, wer von uns allen Jesus näher ist, die, für die wir uns einsetzen, oder wir, die wir mit den Bürgern und der Kirche leben dürfen."

Professor ohne Führerschein

Ein Freund erzählte mir, wie er einmal zufällig in die Garage kam, wo Rahners Auto stand. Der berühmte Professor saß am Steuer. Er, der keinen Führerschein hat und nicht Auto fahren kann, hat den Zündschlüssel hineingesteckt, den Motor angelassen, einen Gang eingelegt, die Kupplung losgelassen und wollte rückwärtsfahren. Es war aber der falsche Gang, er prallte gegen die Mauer, und der Motor starb ab. Er stieg sofort aus und ging mit gesenktem Kopf neben dem Auto hin und her. Er hoffte wohl, daß niemand das Unglück beobachtet hätte. – Einmal sagte ich ihm: „Ihnen geht es gut, Sie sind berühmt, und alle Menschen warten auf Ihre Antworten." Darauf hat er mir geantwortet: „Nein, du hast es gut, denn schließlich kannst du Auto fahren."

Im Gespräch mit ENTSCHLUSS-Mitarbeitern

Offen für Probleme der Jugend, Wien 1981

Treu und wütend

Pater Rahner ist ein ungeduldiger und zorniger Mensch. Er kann ein Kaffeehaus, in dem er Kaffee verschüttet hat, wutentbrannt verlassen, unglücklich über seine eigene Ungeschicklichkeit. Er kann am Sonntag in aller Frühe von Innsbruck in Wien anrufen und wegen eines kleinen Artikels im ENTSCHLUSS protestieren. Einer unserer Autoren sei in seiner Liebe zu den Juden doch zu unvernünftig. Er kann ungeduldig sein und im Krankenhaus trotz strengsten Verbotes und hohen Fiebers noch einen Beitrag für eine armselige Zeitschrift fertigdiktieren, weil er das versprochen hatte.

Der Fleiß des Faulen

Ich habe einmal Pater Rahner gefragt, wie ein Mensch in seinem Leben so Großes leisten und so viel arbeiten kann. Darauf hat er gesagt: ,,Ich bin ein eher bequemer und fauler Mensch, aber ich habe einen Trick angewendet. Ich habe mich selbst immer wieder überlistet und mich Verpflichtungen unterstellt. So habe ich gelernt zu arbeiten." Rahners Werk ist ein Werk der Pflicht und des Dienstes. Bis zum heutigen Tag beantwortet er jeden Brief selbst, sitzt am Schreibtisch und diktiert, auch zu einer Zeit noch, wo er von sich sagt: ,,Ich bin ein Faß, das allmählich leer geworden ist."

Karl Rahner hat immer mehr die Unbegreiflichkeit und Unfaßbarkeit Gottes, das Geheimnis, das Unsagbare und damit die Bedeutung des Geschenkes betont. Das ist der Weg des Fragenden. Am Ende steht nicht ein polemischer Disput, sondern die Bereitschaft, dem größeren Geheimnis die letzte Antwort offenzulassen, der Wille, sich in der Fragestellung nicht von diesem Geheimnis abdrängen zu lassen. Politische, kirchliche, spirituelle Fragen waren für ihn immer Einzelfragen. Letztlich stellt sich nur eine Frage, die für ihn nie fraglich geworden ist. Letztlich geht es nur um die Antwort auf die Zusage: ,,Ich bin der Herr, dein Gott." Das war immer der Grund und die Sehnsucht seines Lebens.

WOLFGANG FENEBERG SJ

Die Kirche hat gelernt, tolerant zu sein

Theologische Einsichten für die Zukunft

Für viele von uns jüngeren Theologen ist Karl Rahner der Theologe, der unser Denken am nachhaltigsten und stärksten geprägt hat. Als einer von diesen vielen möchte ich dem Jubilar zu seinem 80. Geburtstag meine Verehrung dadurch zum Ausdruck bringen, daß ich nach jenen Punkten in seinem Denken suche, die in besonderer Weise für mich wirksam geworden sind. Das Gespräch mit Karl Rahner hat mich zur folgenden Gliederung angeregt. Ich frage zunächst nach den schon voll aufgenommenen Denkanstößen, dann nach solchen, die zwar schon im kirchlichen Lehrbetrieb, aber noch nicht in der Praxis angekommen sind, und schließlich nach solchen, die noch nicht entdeckt sind.

Geschichtliche Entwicklung der Sakramente

Für Fragen nach der Herkunft der Sakramente und nach dem Zusammenhang von Evolution und Schöpfung hat Karl Rahner Antworten erarbeitet, die bereits zur selbstverständlichen Meinung der Kirche geworden sind. Sie sind in Religionsbücher gelangt, bischöfliche Äußerungen setzen sie voraus und mancher, der am Glauben interessiert ist, hat sie zur Kenntnis genommen und konnte damit Schwierigkeiten und Glaubenszweifel überwinden.

Die Frage nach der Herkunft der Sakramente ist letztlich die Frage danach, in welcher Weise sie mit dem irdischen Jesus zu tun haben. Karl Rahner hat zusammen mit anderen, aber in führender Rolle herausgearbeitet, daß die einzelnen Sakramente vom irdischen Jesus stammen, auch wenn sie in ihrem Vollzug erst in der nachösterlichen Gemeinde zu Sakramenten oder zu Vollzügen mit sakramentalem Charakter wurden. Jesus hat so die Kirche, die Gemeinschaft der Glaubenden gestiftet.
Zu dieser Stiftung der Kirche Jesu haben zwar auch ausdrückliche Worte Jesu beigetragen, etwa über die Jünger, die Apostel, die Funktion des Petrus. Entscheidend ist aber, daß durch Jesu Kreuz und Auferstehung in der Welt die unwiderrufliche Selbstzusage Gottes als Heil der Welt geschichtlich gegeben ist. Die bleibende geschichtliche Präsenz dieser unwiderruflichen Heilzusage Gottes ist die Kirche in ihrem unzerstörbaren Glauben an Jesus, den Gekreuzigten und Auferstandenen, das ewige Wort Gottes und das unwiderrufliche Wort Gottes an die Welt. Wenn *diese* so von Jesus herkommende und in seinem Namen handelnde Kirche in differenzierten Worten, die ihre eigenen Grundvollzüge sind, den einzelnen Menschen das Heil Gottes zusagt, dann haben wir einerseits genau das, was mit „Sakrament" gemeint ist und anderseits ein Gnadenwort, das von Jesus herkommt. Als solche Grundvollzüge ihrer eigenen Wirklichkeit auf die Menschen hin kennt die Kirche, durch einen langen Reflexionsprozeß geklärt, sieben.
So kann man mit Recht sagen, daß Jesus die sieben Sakramente eingesetzt hat. Gleichzeitig ist darauf hinzuweisen, daß sie historisch nicht durch Einzelerklärungen von ihm gestiftet, sondern im Leben der Urgemeinde gewachsen sind. Diese Einsicht, die geschichtliches Denken an die Theologie vermittelt, hat viele Verkrampfungen gelöst. Wer streitet heute noch darüber, ob Jesus verbal die Krankensalbung als Sakrament eingesetzt hat? Wer versucht heute, Priesterweihe oder Vollmacht zur Absolution in einem Einzelwort des irdischen Jesus gleichsam dinglich festzumachen? Ja selbst in der Frage des genauen Sinns der Stiftungsworte im Abendmahl wird kaum noch versucht, die konfessionelle Verschiedenheit allein exegetisch zu begründen.

Neue Sprachebene für Naturwissenschaft und Glaube

Die zweite Einsicht betrifft die Entstehung der Welt. Wie hängen Evolution und Schöpfung zusammen? Muß man als Katholik annehmen, daß der Mensch auch in seiner Leiblichkeit unmittelbar von Gott geschaffen ist? Wenn nicht, muß man dann annehmen, daß der Übergang von der Tier- zur Menschenwelt nur in einem einzigen Paar vor sich gegangen ist? Oder kann man auch einen Polygenismus vertreten, das heißt die Meinung, daß in einer, wenn auch in etwa zeitlich und örtlich begrenzten Gruppe der Übergang von dem Primaten zur Menschenwelt geschehen ist? In beiden Fragen hat sich eine Antwort durchgesetzt, zu der Karl Rahner nicht unerheblich beigetragen hat. Die Welt wird nicht gottlos, wenn man von der Evolution, die unter dem dauernden „Druck" der Erhaltung und der Mitwirkung Gottes stehend gedacht wird, und von einem Polygenismus aus denkt. Die Gottbezogenheit der Welt kann also auch in einem evolutiven Welt- und Menschenbild gedacht werden.

Der Streit zwischen Naturwissenschaft und Glaube hat damit eine neue Sprachebene gefunden. Der Naturwissenschaftler kann unbefangen nach der Entstehung der Welt und des Menschen forschen, und der Glaubende empfindet die Naturwissenschaft nicht mehr als Bedrohung, sondern als Chance, seine Glaubensüberzeugung mit konkreten Daten der Naturwissenschaft zu füllen. Die Naturwissenschaften, die immer stärker die Grenzen des eigenen Erkennens entdecken, lassen dem Menschen die Dimension des Geheimnisses, die Frage nach dem letzten Sinn und Grund offen.

Inspirierte Gründungsphase der Kirche

In einem zweiten Teil nenne ich drei Punkte, die zwar fast allgemein im kirchlichen Lehrbetrieb anerkannt sind, aber in ihren Folgerungen auf das praktische kirchliche Leben hin noch nicht ausgeleuchtet sind. Dazu gehören die Themen Inspiration, Gnade und Christologie.

Die Frage nach der Verfasserschaft der biblischen Schriften war unter Pius X. eine Frage auf Leben und Tod. Katholischerseits war man der Ansicht, daß die Verfasserschaft der biblischen Bücher, so wie sie traditionell ausgesagt wird, wesentlich für den Offenbarungscharakter der Bibel sei.
Ich erinnere mich, daß ich als Theologiestudent mit großer Begeisterung das Buch gelesen habe, das Karl Rahner über die Inspiration herausgegeben hat. Es war für uns Studenten eine Revolution. Rahners These lautete, daß die irdischen Urheber der Schriften des AT und NT wirkliche Verfasser und nicht nur Sekretäre eines diktierenden Gottes sind, aber dennoch diese Schriften insofern von Gott herrühren, „inspiriert" sind, als alle Phasen ihrer Entstehung durch den „prädestinierenden" Gott so gelenkt wurden, daß diese Bücher das normative Glaubenszeugnis der Gemeinde sind, die durch den Bund Gottes mit den Menschen begründet ist.
Was leistet diese gewissermaßen „soziologische" Umsetzung der Inspirationslehre? Die Antwort wird in ein paar Einzelbeispielen verdeutlicht. Auf der einen Seite wird der Graben überwunden, der zwischen dem überlieferten Wort des Neuen Testamentes und den Ereignissen selbst, die darin bezeugt und erinnert werden, besteht. Auch wenn der Brief des Apostels Paulus nicht von Paulus ist, auch wenn das Evangelium nach Johannes nicht vom Lieblingsjünger geschrieben ist, so ist uns darin doch gültig und inspiriert die Selbstmitteilung Gottes gegeben. Dem Katholiken ist so die Möglichkeit gegeben, sich unbefangen mit historischen Fragen zu befassen. Er braucht keine Angst zu haben, die Geschichte der ersten Gemeinde und ihrer Literatur zu erforschen, denn durch die „soziologische" Theorie von der Inspiration wird der Glaube nicht bedroht. Auf der anderen Seite handelt es sich bei diesem Freiraum um eine neue Verantwortung. Es kann ja nicht gleichgültig sein, ob ein neutestamentliches Buch näher der Welt der Apostel, und damit näher der Welt Jesu steht, oder durch eine verhältnismäßig lange Tradentenkette davon getrennt ist. Auch die zeitliche Distanz zwischen der Entstehung eines solchen Buches und dem irdischen Jesus ist zu berücksichtigen. Die sprachliche Distanz zwischen dem hebräisch und aramäisch sprechenden Jesus und dem diesem Hebräisch und Aramäisch je verschieden nahen Griechisch eines

Höchste Auszeichnung der Wissenschaft „Pour le mérite“

neutestamentlichen Buches kann für dessen Stellung und Bedeutung nicht gleichgültig sein. Das wird besonders deutlich an der Grenze des Kanons. Der Hebräerbrief und die Offenbarung waren hinsichtlich ihrer Zugehörigkeit zum Kanon genauso umstritten wie der Barnabasbrief und die Didache (Lehre der Zwölf Apostel). Auch wenn nur der Hebräerbrief und die Offenbarung als kanonisch anerkannt wurden, so sind doch auch die beiden anderen entsprechend ihrer geschichtlichen Rolle inspirationsnahe und wichtige Zeugnisse des Glaubens der Urkirche.
Die Verantwortung, in die uns Karl Rahners Inspirationslehre schickt, betrifft den Umgang des Glaubens mit den historischen Fakten. Der Stellenwert eines neutestamentlichen Buches hängt mit zeitgeschichtlichen Erfahrungen, Umweltbedingungen, Abhängigkeiten von anderen Briefen und Evangelien zusammen. Es erhebt sich die Frage nach der vielfältigen Beziehung zum irdischen Jesus, zu Paulus, zur Urgemeinde. Der unbefangene Umgang mit den historischen Fragen beeinträchtigt den Offenbarungsgehalt aller neutestamentlichen Schriften nicht, weil Gott in der Gründungsphase, in der diese Bücher geschrieben und unter vielen ausgewählt wurden, als der zur Kirche treu stehende Gott geglaubt werden darf.

Die Lehre vom anonymen Christen

„Außerhalb der Kirche gibt es kein Heil." Diese Aussage hat den Menschen in der Kirche auf Kosten der Menschen außerhalb der Kirche mißverständlich aufgewertet. Karl Rahner hat unter dem Stichwort vom „anonymen Christen" das Mißverständnis deutlich korrigiert, daß Gnade und Heil nur im Verband der gesellschaftlich verfaßten Kirche als solcher gegeben sein könne.
Ich kann mich noch erinnern, wie Karl Rahner um die Konzilszeit diese Lehre uns Studenten gegenüber mit Vehemenz verteidigt hat. Es gab damals bereits viele, die sie angegriffen haben. Was ist der eigentliche Sinn der Lehre vom anonymen Christen? Sie besagt, daß nicht nur der, der explizit zur ka-

tholischen Kirche oder durch die Taufe zum Christentum gehört, einen Zugang zum übernatürlichen Heil hat. Die Berechtigung dieser Lehre leitet Karl Rahner vom universalen Heilswirken Gottes ab. Gegenteilige Äußerungen der Heiligen Schrift und der Tradition müssen von dieser übergeordneten biblischen Aussage her interpretiert werden. Der Satz „extra ecclesiam nulla salus" – außerhalb der Kirche kein Heil – kann nur richtig sein, wenn er den Heilswillen für alle Menschen nicht ausschließt. Die Lehre vom anonymen Christen ist also dagegen gerichtet, daß früher weite Kirchenkreise angenommen haben, der Nichtgetaufte habe keine oder fast keine Möglichkeit, in den Himmel zu kommen. Augustinus hat das Schlagwort von der „massa damnata" – die verdammte Masse – geprägt. Franz Xaver hat sich in Indien den Arm stützen lassen, um Tausende ohne Unterricht und weitere Belehrung zu taufen, nur um sie aus dem Bereich der Hölle zu retten und in den Bereich der Seligkeit zu führen. Die Lehre vom anonymen Christen wurde der Sache nach vom Konzil übernommen und hat Eingang in das christliche Glaubensbewußtsein gefunden. Jeder Mensch, auch der nichtgetaufte, hat einen Weg zum übernatürlichen Heil, wenn er nur letztlich seinem Gewissen folgt und so auch auf eine dem Menschen nicht erklärbare Weise der übernatürlichen Offenbarung teilhaftig wird. Weil Gott seine freie Gnade immer, zu allen Zeiten und an allen Orten jedem Menschen anbietet, hängt es letztlich allein von der eigenen Entscheidung und Verantwortlichkeit ab, ob einer zu Gott gelangt oder letztlich in der Hölle seine Existenz vollendet. Durch diese Lehre hat die Kirche gelernt, tolerant zu sein.

Jesus – wahrer Mensch

Jesus ist wahrer Mensch und wahrer Gott, die zweite Person der Dreieinigkeit. Durch die Aussage, daß die „Person" Jesus von Nazaret Gott sei (was ich natürlich nicht bestreite), verschwand für mich zunächst praktisch die Einsicht, daß dieser Jesus wirklich auch ein wahrer Mensch sei. Ich kann hier nicht im einzelnen auseinandersetzen, wie mich Rahners

Christologie von dieser Einseitigkeit befreit hat, aber ich sehe jetzt Jesus unbeschadet seiner einmaligen radikalen Einheit in Sein und Bewußtsein mit dem ewigen Wort Gottes als wirklichen Menschen: mit einem menschlichen Verhältnis zum ewigen Gott, mit einer menschlichen Erkenntnis, die auch im religiösen Bereich, was die objektivierende und verbalisierende Erkenntnis angeht, wirkliche, sogar vielleicht heute noch beobachtbare Entwicklungen durchgemacht hat, mit einer kreatürlichen Freiheit, in der er sich dem unbegreiflichen Willen des Vaters übergab und so wirklich unser Bruder ist.

Im Zusammenhang damit ist mir durch Rahner auch ein besseres Verständnis der Trinitätslehre vermittelt worden. Sein Grundaxiom ist: Die heilsökonomische Trinität ist die immanente Trinität und umgekehrt. In der doppelten Beziehung des ursprunglosen Gottes (Vater) zu uns im Sohn (als der geschichtlichen Selbstzusage Gottes an die Welt) und im Heiligen Geist (als der innersten Vergöttlichung der Welt) ist uns schon ein Verständnis jener Dreifaltigkeit gegeben, die dem einen Gott an sich selber zukommt.

Von der abendländischen Kirche zur Weltkirche

Es gibt auch Punkte im Denken Karl Rahners, die im theologischen Lehrbetrieb noch nicht wirksam geworden sind und daher noch ganz in der Zukunft liegen. Dazu zähle ich die Inkulturation und die Prophetie.

Inkulturation ist jene Art von christlicher Mission, in der Jesus und der Inhalt seiner Botschaft so verkündet werden, daß die jeweilige Kultur nicht bedroht, sondern aufgenommen wird, aber von der Gnade deutlicher durchdrungen und erlöst wird. Die Glaubensboten aus dem Abendland verzichten darauf, die in ihrer Kultur entwickelten Verhaltensmuster und das liturgische Brauchtum den fremden Kulturen aufzudrängen. Karl Rahner vertritt die These, daß Paulus die Welt-

VII. internationaler Ökumene-Kongreß der Jesuiten in Frankfurt, St. Georgen, 1977

kirche schlechthin, die europäische, die römisch-griechische Kirche gestiftet hat, insofern er die Kirche aus dem ursprünglichen Judenchristentum als dem zunächst für alle normativen Christentum herausgeführt hat. Hat aber Paulus eine europäische Kirche gestiftet, dann geschieht heute der qualitativ gleiche Schritt, wenn z. B. die vietnamesische Kirche entsteht. Diese Inkulturation, die in der heutigen kirchlichen Situation vollzogen wird, ist aber in ihrer konkreten Auswirkung und Anwendung noch weithin umstritten. Mit Sorge wird der Verfall der römisch-griechischen Kirche und der Sonderstellung der abendländischen Kultur beobachtet. Was würde es bedeuten, wenn man den Ansatz Karl Rahners, daß Inkulturation schon bei Paulus geschehen ist, aufnehmen würde? Nach Karl Rahner stehen wir heute in der dritten Phase der Kirchengeschichte: Was bei Paulus singulär war, geschieht heute vielfältig und auf alle Kulturen hin. Der Ansatz Karl Rahners verweist auf die Verantwortung und die Gewichtigkeit unseres Handelns. Die Pluralität der Kirche bedeutet nicht Zerfall, sondern nimmt den Reichtum der Völker auf. Aus einer abendländischen Kirche mit Exporten in alle Welt muß eine Weltkirche werden.

Institution mit Mut zur Prophetie

Visionen und Prophetie sind geistige Prozesse, in denen nicht so sehr die Voraussage einer bestimmten Zukunft, sondern die Deutung der Gegenwart aus dem letzten Sinn der Offenbarung heraus in der Mitte steht. Die Zukunftsbilder und Aussagen sind eher das Stilmittel. Karl Rahner betont, daß es in jeder Phase der Kirchengeschichte einen Platz für Visionäre und Propheten geben müsse. Auch die Gegenwart ist geistgewirkt, auch aus ihr sind neue Impulse, neu der Wille Gottes für heute und morgen zu erlernen. Paulus hatte den Mut, aus den Konflikten mit dem eigenen Volk, mit Petrus und Barnabas Konsequenzen zu ziehen. Er wußte um die Gegenwart des Geistes Gottes. Kreuz und Auferstehung Jesu und die persönliche Berufung ermächtigen Paulus dazu, als Apostel der Heiden die europäische Kirche zu gründen. Der

Grund für diesen Weg liegt in der Vision, die ihn zum Apostel für die Heiden bestimmt hat. Wie kaum ein anderer in der Kirchengeschichte hat Paulus der vorgegebenen Institution das Gewicht der Prophetie entgegengesetzt. Alle Ordensgründer haben ähnlich wie er ihren Träumen und Visionen getraut.
Die Kirche des Abendlandes schwankt heute zwischen Resignation und Hoffnung. Es gibt viele, die als Propheten eine andere Heilslehre verkünden. Es gibt aber auch viele, die innerhalb der Kirche in Träumen und Visionen eine neue Zukunft dieser Kirche sehen. Karl Rahner fordert von den Kirchentreuen den Mut zur Prophetie.

Die Breite und Vielfalt der Veröffentlichungen Karl Rahners kann durch solch eine kleine Studie sicherlich nicht erfaßt werden. Selbstverständlich muß auch die Fülle der Arbeiten, die über seine Theologie und die Entwicklung dieser Theologie entstanden sind, unberücksichtigt bleiben. Es ist unmöglich, auf Rahners Veröffentlichungen zu Themen der Spiritualität, Pastoral und Ignatiana einzugehen, wobei jedesmal dazu die Frage nach seiner eigenen Entwicklung zu stellen wäre. Auch die Philosophie kann nicht behandelt werden, obwohl sich ja Karl Rahner gerade mit „Geist in Welt" und „Hörer des Wortes" als Philosoph profiliert hat. Ausgeklammert bleibt die ungeheuer breite Ausstrahlung durch sein enzyklopädisches Arbeiten; man denke nur an das „Lexikon für Theologie und Kirche", „Sacramentum mundi", die „Quaestiones disputatae", „Die Kirche in moderner Gesellschaft" und das „Pastoraltheologische Handbuch". Schließlich kann auch die Wirksamkeit Karl Rahners für die Exegese und seine Veröffentlichungen zu diesem Thema nicht berücksichtigt werden. Ich beschränke mich auf Fragestellungen, die für mich besonders förderlich gewesen sind. Damit bleibt auch Politisches und Kirchenpolitisches ausgeklammert. Auch innerhalb dieser Einschränkung ist die Auswahl subjektiv. Jeder weiß, daß in den „Schriften zur Theologie" praktisch zu jeder wichtigen, theologisch bedeutsamen, modernen Frage eine bedenkenswerte Äußerung enthalten ist.

ROMAN BLEISTEIN SJ

Was soll ich lesen?

Zugänge zu den Schriften Karl Rahners

Die Frage, wie man einen leichten Zugang zur Theologie Karl Rahners finde, läßt sich nicht einfach beantworten, da sich beim einzelnen die Interessen und die Voraussetzungen nach Alter, Beruf und Vorbildung sehr unterscheiden. Dennoch lassen sich gleichsam einige Türen zu diesem großen Haus, das immer noch im Bau ist, aufweisen.

Ein Zugang eröffnet sich über die *aktuellen Antworten,* die Rahner immer wieder auf konkrete Fragen und Herausforderungen in Kirche und Welt gibt. Die jeweiligen Stellungnahmen und Interviews gehen nicht in der Aktualität auf, sondern enthalten grundsätzliche theologische Positionen und eröffnen damit erste Begegnungen mit dem Theologen Karl Rahner. Dazu eignen sich: „Kritisches Wort", Freiburg 1970; „Karl Rahner im Gespräch", Band I und II, München 1982–1983.

Einen zweiten Zugang eröffnen jene Bücher, die Rahner als *Prediger,* als Verkündiger des Wortes Gottes, bezeugen. Wer sich einmal in „Von der Not und dem Segen des Gebetes", Innsbruck 1949; Freiburg 1956, in jene Predigten aus dem Jahr 1947 hineingelesen hat, muß immer wieder seine persönliche Betroffenheit überwinden, um wirklich bei der „Sache" zu sein. Ähnlich ist es mit der theologischen Meditation „Alltägliche Dinge", Einsiedeln 1964. Andere Bändchen dieser Reihe – etwa „Ich glaube an Jesus Christus", 1968, oder:

„Im Heute glauben", 1965 – setzen bereits einen anspruchsvolleren Leser voraus.
Wer eine *Deutung des christlich-gläubigen Lebensvollzugs* sucht, kann darin auch bei Rahner Hilfe finden. Rahner hat sowohl die einzelnen *Sakramente* bedacht („Gott liebt dieses Kind", München 1957, „Die Gnade wird es vollenden", München 1957, „Die siebenfältige Gabe", München 1974) wie das ganze *Kirchenjahr* theologisch reflektierend durchschritten („Kleines Kirchenjahr", München 1954; Freiburg 1981).
Christen, die mit den *Exerzitien des hl. Ignatius* vertraut sind, können durch die beiden Mitschriften von Exerzitienkursen, die P. Rahner vor Jahren gab, zu einer Quelle seines theologischen Denkens gelangen: zur Spiritualität des hl. Ignatius von Loyola („Betrachtungen zum ignatianischen Exerzitienbuch", München 1965; „Einübung priesterlicher Existenz", Freiburg 1970).
Einen weiteren Zugang öffnet jene Publikation, die Rahner den *Problemen junger Menschen* gewidmet hat. Sie entstand aus dem Briefwechsel mit Jugendlichen von heute. Auch hier gilt wiederum, daß das Ganze im Fragment enthalten ist. Rahners Antworten auf die Fragen junger Menschen sind keine oberflächlichen Rezepturen. Im Gegenteil: Rahners Antwort kommt aus dem Schatz seiner ganzen Theologie („Mein Problem", Freiburg 1983).
Wer ganz präzise Fragestellungen hat, also über ein bestimmtes Thema in Rahners Werk hineinfinden will, wählt am besten einen der beiden *Rahner-Reader,* die in den letzten Jahren erschienen sind: „Rechenschaft des Glaubens", Freiburg 1979; „Praxis des Glaubens", Freiburg 1982. Der eine setzt eher theologisch-systematische Akzente, der andere hebt eher die spirituelle Theologie Rahners heraus. Beide unterstreichen, wie weitgespannt die theologischen Interessen Rahners reichen.
Wer den Zugang über Rahners *Philosophie* sucht, wird nach „Geist in Welt", Innsbruck 1939; München 1957, und „Hörer des Wortes", München 1941; 1963, greifen müssen. Beide Bände verraten nicht nur viel über Rahners theologische Herkunft, sie erschließen auch den philosophischen Zugang zu seiner Existentialtheologie. Bei diesen Publikationen wird

die Bereitschaft vorausgesetzt, sich der Anstrengung des Begriffes zu unterziehen.

Die „*Schriften zur Theologie*", Einsiedeln ab 1954, die mit ihren 16 Bänden wie ein theologisches Gebirge vor einem liegen, lassen sich auf unterschiedliche Weise „bewältigen". Man kann bestimmte Themen in den Inhaltsverzeichnissen wählen, man kann auch an Hand des „Rahner-Registers", Zürich 1974, jene Fragestellungen herausfinden, die einen interessieren und deren Entwicklung man über die Jahre hin verfolgen will. Es dürfte interessant sein zu sehen, wie Akzente mit der Zeit anders gesetzt, wie Problemstellungen anders gewichtet werden.

Es bietet sich als neunter Zugang für den theologisch Gebildeten selbstverständlich an der „*Grundkurs des Glaubens*", Freiburg 1976. Er enthält Rahners theologisches Denken in einem systematischen Aufriß, seine philosophische Grundlegung und seine theologische Entfaltung. Mag es auch nicht leicht sein, gerade die einleitenden wissenschaftstheoretischen Kapitel zu verstehen, so wird dann doch die Mühe der „neun Gänge" Früchte tragen, gar wenn einem klar wird, was etwa Selbstmitteilung Gottes, Heilsgeschichte, transzendentale Christologie, Kirche bei Karl Rahner bedeuten.

Endlich können die *Deutungsversuche,* wie sie Karl Lehmann, Johannes B. Metz, Karl-Heinz Weger („Karl Rahner, Eine Einführung in sein theologisches Denken", Freiburg 1978) versucht haben, dazu dienen, sich der eigenen Einsicht in Rahners Theologie zu vergewissern und auch weiterhin auf der theologischen Spur Rahners zu bleiben.

Wo einer auch immer in Rahners Werk ansetzt – bei einem großen Buch oder einem Taschenbuch, bei einer Quaestio disputata oder einem Brief an junge Menschen, bei einem der vielen Artikel in Lexiken oder bei den Interviews zu innerkirchlicher „Tagespolitik" –, Rahner versteht es immer, hinzuführen zu dem Geheimnis, das wir Gott nennen, zu dem „deus semper maior", dem er in einer engagierten Theologie dient, indem er sich immer wieder – in der Solidarität Jesu – neu von den Nöten und Fragen seiner Mitmenschen und Mitchristen provozieren läßt.

LEBENSDATEN KARL RAHNERS

5. 3. 1904	In Freiburg i. Br. geboren
1913–1922	Realgymnasium in Freiburg
1922	Eintritt in den Jesuitenorden, Noviziat in Feldkirch, Vorarlberg
1924–1927	Studium der Philosophie an den Ordenshochschulen Feldkirch und Pullach bei München
1927–1929	Junioratsmagisterium in Feldkirch-Tisis
1929–1933	Studium der Theologie an der Ordenshochschule in Valkenburg, Holland
26. 7. 1932	Priesterweihe in München-St. Michael
1933–1934	Tertiat in St. Andrä im Lavanttal, Kärnten
1934–1936	Studium der Philosophie an der Universität Freiburg i. Br.; Arbeit am Werk „Geist in Welt"
1936	Studium der Theologie an der Universität Innsbruck
	Promotion zum Dr. theol. an der Theologischen Fakultät der Universität Innsbruck
1937	Habilitation für das Fach Katholische Dogmatik an der Universität Innsbruck; Privatdozent
1939	Erscheint das Buch „Geist in Welt"
1941	Erscheint das Buch „Hörer des Wortes"
1939–1944	Dozent in Wien; Mitarbeiter am Seelsorgsinstitut in Wien
1944–1945	Seelsorge in Mariakirchen, Niederbayern

1945–1948 Dozent für Dogmatik an der Ordenshochschule in Pullach bei München

1948 Dozent an der Theologischen Fakultät in Innsbruck

1949 Professor für Dogmatik und Dogmengeschichte an der Universität Innsbruck

1954 Erscheint der 1. Band von „Schriften zur Theologie“

1957ff. Herausgeber der 2. Auflage von „Lexikon für Theologie und Kirche“ und der Reihe „Quaestiones disputatae“

1961 Erscheint „Kleines Theologisches Wörterbuch“

1962 Peritus des Zweiten Vatikanischen Konzils

1964 Professor für christliche Weltanschauung und Religionsphilosophie an der Universität München

1964 Dr. theol. h. c. der Theologischen Fakultät der Universität Münster, Westfalen

1964 Dr. h. c. der Universität Straßburg

1964ff. Herausgeber von „Handbuch der Pastoraltheologie“

1966 Dr. iur. h. c. der juristischen Fakultät der Notre Dame University, USA

1967 Ordinarius für Dogmatik und Dogmengeschichte an der Theologischen Fakultät der Universität Münster, Westfalen

1967 Dr. h. c. der Saint Louis University, USA

1969 Mitglied der Päpstlichen Theologenkommission

1969 Dr. theol. h. c. der Yale University, USA

1970 Dr. phil. h. c. der Universität Innsbruck

1970 Mitglied des Ordens Pour le mérite für Wissenschaften und Künste, Bundesrepublik Deutschland

1971 Emeritierung

1971 Honorarprofessor für Grenzfragen von Theologie und Philosophie an der Hochschule für Philosophie in München

1972 Dr. theol. h. c. der Universität Löwen, Belgien

1972 Honorarprofessor für Dogmatik und Dogmengeschichte an der Theologischen Fakultät der Universität Innsbruck

1972 Erscheint „Strukturwandel der Kirche“

1974 Dr. h. c. Litterarum Humaniorum, Georgetown University, Washington, USA

1974 Dr. theol. h. c. der Pontificia Universitas Comillensis, Madrid
1974 Doctor of Humane Letters, University of Chicago, USA
1974 Doctor of Laws, Duquesne University, Pittsburgh, USA
1976 Erscheint „Grundkurs des Glaubens“
1978 Erscheint „Ignatius von Loyola“
1979 Doctor of humane letters der John Carroll University in Cleveland, USA
1979 Doctor of humane letters der Weston School of Theology, Boston, USA
1979 „Rechenschaft des Glaubens“ (hrsg. v. K. Lehmann und A. Raffelt)
1980 Doctor of Laws der Fordham University, New York, USA
1982 Erscheint u. a. „Praxis des Glaubens, Geistliches Lesebuch“ (hrsg. v. K. Lehmann und A. Raffelt)
Einigung der Kirchen – reale Möglichkeit (zus. mit H. Fries). Quaestio disputatae 100.
1984 Erscheint „Schriften zur Theologie“, Band XVI
Die Bibliographie überschreitet die Zahl 4000